中世ヨーロッパ社会の内部構造

オットー・ブルンナー 著

中世ヨーロッパ社会の内部構造

山本文彦 訳

知泉書館

目次

目　次

目次

中世ヨーロッパ社会の内部構造

一　術語上の基礎的諸問題

1　術語上の基礎的諸問題

本書が対象とする中世中期および後期において、西欧の内部構造は決定的な発展を経験した。「近代」、少なくとも一八世紀にいたるまでの「近代」において優勢であり、一九世紀においてもなおその影響を認めることができる、そのようなさまざまな形態が生み出されたのである。「近代世界」の出現は、フランス革命とイギリスで生じた産業革命以降、古くからの基礎を決定的に変化させたが、しかしこの出現は、実際はヨーロッパの「旧身分制」社会、すなわち「旧ヨーロッパ」――この言葉はヤーコプ・ブルクハルト(1)の意味においてであるが――の土台の上に生じたのだった。それ故、現在を歴史的に理解するために必要なことは、他の文明から区別される西欧の内部構造の特質を問うことなのである。「近代世界」を出現させたさまざまな前提条件を、遠く過去に遡って明らかにしなければならない。しかしこの課題は、私たちの学術用語を使って簡単にできるものではない。なぜならこの学術用語は、ヨーロッパの土壌の上に生じ、さらにヨーロッパから他の文明世界に転用されているからである。確かに、とりわけ一八世紀にいたるまでの西欧の内部構造と他の文明世界との間には、疑いもなく共通点がかなり存在している。しかしこの共通点は、なぜ西欧が、最終的に一八世紀以降に大きな構造変化をもたらしたあの特別な力によって特徴付けられることになるのか、という問題の理解を妨げている。ヨーロッパ的なモデルの上に形成された用語を他の文明に転用することは、まさに歴史的に重大な相違を覆い隠すことになるのである。例えば、「封建制」（Feudalismus）という大変に頻繁にそしてさまざまな意味で使われる概念は、ヨーロッパの歴史においては正確に規定できる意味を持っている。しかしこの概念を他の文明の似たような現象に転用するならば、この概念は必然的に曖昧で不確かなものとなる。一般化と類型化を大いに進めることにより、封建制という現象は、特殊ヨーロッパ的なものではなくなる。この概念を使って、西欧の内部構造の変化の特殊性を理解することは、もはやできないのである。

このような状況は、次のことによって、いっそう厳しさを増している。私たちがこれらの状況を理解する際に用いる学術的な言葉が、西欧の歴史の全く特定な状況、すなわち旧ヨーロッパの「旧身分制」社会から一九世紀の「階級社会」への移行という状況に偶然由来しているわけではないということである。このことは社会（Soziale あるいは Gesellschaft）といった多義的なカテゴリーにおいて特に明らかとなる。“sozial”と“Gesellschaft”という言葉は、ごく一般的な意味としては、人間の共同生活とその仕組みという事実、すなわち社会的結合関係に関して用いられる。しかしこの他に、この概念には別の狭義の意味がある。一八世紀の終わり以降、ヨーロッパにおいてそしてまた「工業社会」と規定される世界の一部においては、この工業社会を、国家とは区別された経済社会という狭い範囲に限定することができる。ここにおいては「社会」（Gesellschaft）を「国家」――絶対主義時代の軍事および行政国家――に対置することができ、同時にまたこれを「精神」（Geist）、すなわち宗教的なるものの世俗化した分野と対比することができるであろう。ひとたびこのような区別がなされると、経済と社会の領域は、政治的なるものおよび精神生活の「下部構造」にされうるのである。この状況において、社会学が学問として成立し、まずその輪郭が描かれることになる。そこから人々は自分自身の時代の基本的枠組み、例えば、フランス革命の意義を「封建制」（Feudalismus）に対する「ブルジョワジー」（Bürgertum）あるいは「資本主義」（Kapitalismus）の勝利と理解し、それをヨーロッパのより古い歴史に、その上さらに古典古代やヨーロッパ以外のさまざまな文明に転用するのである。

一八〇〇年前後の状況に基づいて形成されたこのような概念は、旧ヨーロッパの内部構造を明らかにするためには十分ではない。このことはすでに前で用いた「旧身分制」社会の概念にも当てはまる。この「旧身分制」社会という概念は、より詳細に検討すると、ある形態においてはまだ「封建的」（feudal）あるいは「身分的」（ständisch）な社会が立ちはだかっている絶対主義国家の時代にのみ当てはまるのである。社会システムの名称としての「封建制」（Feudalismus）という概念は、一八世紀の始めを越えて遡ることはできない。そもそもこの概念は、ルイ一四世の絶対主義国家に対するフランス貴族の抵抗から初めて生まれたのである。絶対主義国家は、「公民」（Staatsbürger）あるいは「臣民」（Untertan）からなる一元的な社会、すなわち「公民社会」（bürgerliche Gesellschaft）という傾向を持っている。このような社会は本質的には、経済社会（Wirtschaftsgesellschaft）である。この経済社会の成層は、今や国家に集中された政治的権利によってではなく、経済的な相違によって決定されている。経済社会は本質的には「階級社会」（Klassengesellschaft）である。経済的そして社会的意味における「階級」（Klasse）が、あらゆる場所で利用することができるような一般的なカテゴリーとなる。このように広く普及した図式により、本質的には経済的に規定される「階級」によって区分される「社会」が、「国家」から切り離され、基礎すなわち内部構造の「下部構造」を形作るのである。このような見方は、かなり前から準備されていたヨーロッパの精神生活の世俗化――

「精神諸科学の自然的体系」（ディルタイ）[2]において、そして最終的には啓蒙主義において姿を現した――を前提としていた。ここにおいて初めて、「国家と社会」（Staat und Gesellschaft）、すなわち広義の意味における「社会」（Soziale）の内部構造を宗教から切り離すこと、独自のものとして自律的に説明すること、そして精神と社会の関係という問題を提起することが可能となる。その際あるときは精神が、またあるときは社会が決定的な要因として現れるのである。

こうした歴史的および社会学的考え方の背景には、啓蒙主義およびドイツ観念論以降の歴史哲学がある。すなわちこの歴史哲学は、キリスト教的歴史神学の世俗化として、神の摂理を「理性」、「精神」あるいは「社会」に置き換え、それらのその時その時の現状の構造変化を「発展」の必然的な帰結、すなわち「進歩」あるいは「衰退」と解釈する。一八五〇年頃までに現れたこのような大きな見取り図は、現状の分析を提供するだけでもなく、また歴史の原動力を理解することを要求するだけでもなく、歴史から未来を決定しようとする予測を当然の帰結として含んでいた。しかしながらこの予測は、これまで経過してきた年月において全く実証されていない。例えば、初期産業主義の時代において構想され、階級社会のイメージを特徴付けている「階級的対立」は、いっそう激しくなどならず、近代の工業的＝官僚制的社会の中で、階級という概念がその決定的な意味を失う程までに解消されたのである。それとともにこの階級概念の特殊な前提条件が明らかになる。この階級概念を現在に対して利用できないのと同じように、この概念から正確な意味を奪い取る一般化という代償を払わなければ、ヨーロッパ並びにヨーロッパ以外の過去数世紀の歴史に対しても利用することはできない。この種の経験は、現在の歴史哲学的な思考に次のことを悟らせる。歴史上の出来事を「必然的」とみなすことができないこと、そして現在の歴史的分析から生み出される予測は、せいぜいのところ可能性、それも限られた期間についての可能性を描くことができるにすぎないということである。

このような理解は、私たちにとって大変に重要な出来事と関連している。歴史、すなわち伝統的な意味での世界史の概念は、私たちにはいかがわしく感じられる。世界史は長い間、西欧の歴史および古典古代と古代オリエントにおけるその歴史的基礎と同一視されていた。このことは今日、多くの理由からもはや可能ではない。ヨーロッパは、世界の中でその指導的地位を失い、地球は単一の緊張の場へと変化し、その中ではヨーロッパ以外の勢力と文明が重要性を大いに増してきている。それ故、地球規模すなわちグローバルな観点が必要であるが、しかしかかる観点は地球全体にまたがる歴史の中で、近い過去に関してのみ言えることであり、それより古い時代に関しては、個々の文明のさまざまな歴史を知っているに過ぎない。確かにこれらの文明の間には、多くの関連、相互作用と歴史的連続がさまざまな規模で存在しているが、しかしそれらを古いスタイルの一つの世界史と表現することはできない。なぜなら、「世界」というこの概念は、(3) 古典古代の「地上世界」(Orbis terrarum) の観念および「ローマ帝国」(Imperium Romanum) と「キリスト教世界」(Christenheit) の同列化に基づいており、さらに西欧のキリスト教世界とそこから生じた「ヨーロッパ」、最終的にはヨーロッパを越えて広がる「西方世界」に関連づけられるからである。ヨーロッパが海を越えて広がることは、地球全体にまたがる歴史的つながりへの決定的な一歩であった。もともとヨーロッパにおいて成立し、そしてここから影響を及ぼした諸力が、その程度はさまざまだったが、地球全体をはっきりと覆ったのである。それゆえヨーロッパの歴史は、ヨーロッパ人に対して西欧の歴史が常に持っていた中心的な立場は別にして、地球規模の観点においても大変に重要である。それ故、ハンス・フライヤーは、「ヨーロッパの世界史」(4) を書くことができたのである。それと同時に、一つには西欧の独自性を他の文明から際立たせるために、もう一つには最終的に地球全体をその影響下に入れた、あのヨーロッパのダイナミズムの歴史的な前提条件を理解するために、西欧の歴史の中で、特殊ヨーロッパ的なものを理解することも必要になる。最近の一世代における原始＝先史時代の文明、古代オリエントと極東の文明の解明により、私たちの知識が大いに拡大し深化したことによって、このような歴史的な見方が要求されることになり、同時にまた容易になったのである。それとともに、私たちはコーロッパの歴史のある特定の歴史的状況に由来している学術的な言葉を、さまざまな文明世界の把握に利用することができるように作りかえ、そして拡充する、そのような差し迫った必要性の前に立つのである。しかし、例えば「経済社会」を政治的＝国家的分野から切り離し、この孤立した「経済的および社会的基礎」を全体構造の土台として設定することは、そもそも可能ではないだろう。同じようにごく一般的には、宗教的なるものの分野を近代的な観点において、原理上世俗化した国家と社会の分野から切り離し、そしてこれと対置することもできないのである。

二　キリスト教世界と西欧

西欧は、中世においては「キリスト教世界」として理解され、ローマ教皇の下にあるキリスト教会すなわちローマ教会の範囲と一致している。ローマの優越を認めていないキリスト教の範囲は、異端あるいは離教した部分とみなされる。それゆえいずれにせよ、中世中期以降、キリスト教世界と西欧は事実上一致している。例えば、ビザンツ教会の東方と区別するために、中世ヨーロッパがときどき西欧と呼ばれるのではあるが、その場合にはキリスト教世界そのものが中心にあり、そこでは普遍的な要求が掲げられ、「世界」を自らの内に含めようとするのである。伝道と異教徒に対する戦争が、キリスト教世界の範囲をさらに広くした。このような努力に限界が設定されること、このキリスト教世界は西欧であり、そしてキリスト教世界に編入された周辺領域は西欧の文化圏に含まれること、これらのことはさまざまな歴史的対立の結果であって、「西欧」それ自体が意図したことではなかった。むしろ「西欧」は、西欧すなわちヨーロッパをキリスト教的世界あるいは後には「文明化した」世界と一致させ、他の文化圏と並ぶ一つの文化圏と自任するのではなく、自らの成果をその時々の境界線を越えて広げようとする指導的要求を掲げる傾向を常に持っていた。このような要求は、それを行う力が十分ではない時であっても、掲げられ続ける。人々は世界をキリスト教化し、後には「文明化」しようとするが、しかしこのことは特殊西欧的な形態においてのみ可能である。ここで示した傾向が持つ問題性は、より新しい時代において特に明らかになるが、しかしまた中世においても、例えば、カトリックすなわち普遍的であろうとし、そしてそうあらねばならないが、しかし実際にはラテン的、西欧的であった教会とギリシア的東方の対立の中に現われたのだった。

要求によれば普遍的ではあるが、しかし実際には西欧的なキリスト教世界は、組織の上では一つのものとしてローマ教会に包含されている。この領域は、国家的、政治的には、統一的な指揮下にあったわけでは決してなく、大部分ではほんの短期間（例えば、カール大帝の時代）そうであったに過ぎなかった。教会の単一性と国家の多数性が中世の西欧の特徴であり、この関係は強くその内部のダイナミズムを規定したのだった。しかしながらキリスト教的な国家世界は、その多様性にもかかわらず、一つの「国際法的」な総体として周辺の世界から際立っている。異教徒と異端者に対する戦争である「十字軍」は、「国々」の間のあるいはその内部における軍事的対立とは異なった法的基礎を持っている。ただし、長い間皇帝が求め、時には教皇も求めた、この国家世界の統一的な指揮は、決して認められなかった。いやそれどころか、この要求に対する抵抗の中で「主権的」個別国家が初めて完全に形作られ、キリスト教世界はキリスト教共同体（Respublica Christiana）、最終的にはヨーロッパ諸国家体系へと変化したのだった。

インペリウム：理念と現実

西欧では長い間、古典古代および古代＝キリスト教の遺産が影響を及ぼしていた。ローマ帝国（Imperium Romanum）は、ローマ世界（Orbis Romanus）たること、世界（Orbis terrarum）を代表すること、「世界」すなわち卓越した意味における文化世界を示すという要求を掲げた。ローマ帝国は、「世界」を取り囲んでいる「諸民族」（Gentes）というあまり重要ではない部分をどの程度存続させるのかを決めたのだった。このローマ帝国の中で教会が生まれ、そして教会は「全ての民に訓戒する」（Lehret alle Völker）という普遍的要求を古代＝ローマの遺産と融合させた。皇帝は、教会の指揮において重要な地位を占め、帝国の首都であるローマの司教すなわち教皇は、ローマ的であり同時にカトリック、すなわち普遍的であるべき全体教会の中で優位性を要求した。皇帝が東方に居城を構え、教皇は実際にはラテン的西欧の総大司教にすぎず、皇帝権が西では没落していた時代においても、教皇はかかる要求と皇帝との結びつきをしっかりと保持していた。新しいゲルマン諸国においては、国王がその国の教会（Landeskirche）の指揮に対して決定的な影響力を手に入れたが、しかしローマにいる教皇に少なくとも理念的には継続している単一性の代表を認め、そしてまずアングロサクソン人、次にフランク人において「ローマと結びついた」教会（Landeskirche）に変わったのは、まさにラテン式典礼教会であった。中部イタリアと同時にローマがビザンツの支配から解放され、フランク王国が西欧の大部分を支配し、その領域を広げる（ザクセン人、アヴァール人、スラブ人）勢力へと発展したことは、教皇とフランク王の政治的結合に寄与し、最終的には八〇〇年のカール大帝の戴冠によって教会を保護する勢力として皇帝権が復活することに結びついたのだった。

しかしながらこの帝国（Imperium）は、確かに「ローマ」と理解されたが、しかし古典古代において存在し、ビザンツにおいて生き続けた古代のローマ帝国、すなわち統一的な国家の復活ではなかった。帝国は、個別国家——帝国がそれらの上にある——の存在をそのまま認め、民族移動期に成立したさまざまな王国を取り除かずに、これらの王国（Regna）を覆ったのだった。西欧の世俗的な統一は従って、これらの国王の中の一人、まさに最強の国王であるフランク王の支配の下に継続的に置かれた時にのみ可能であったであろう。しかしながらそうはならなかった。確かに、カール大帝の帝国は、ほぼ西欧全体を含んだが、しかしながらアングロサクソン、ブリテンと北西スペインの国々はその支配領域の外にあった。何よりカール大帝の帝国はすぐに崩壊し、その後の西欧の政治史は、全体としてはキリスト教世界すなわち西欧であるさまざまな国家の多様性によって規定された。皇帝権はこれらの国王の中の一人によって受け継がれ、一〇世紀以降はドイツ人の王に移された。ドイツ王は同時にイタリア王でもありそしてアルル王でもあった。[1] しかし皇帝の位は、出兵すなわち「ローマ行」[2] によってその都度獲得されなければならなかった。このローマ行がもはや行われなくなった時、ペトラルカは、カール四世がイタリアを「戦いを交えずに」通過したことを嘲笑ったのだった。[3]

ここにおいて一つの事実に言及しなければならない。それは、教皇の座所であるローマは、ビザンツから解放され、西地中海にイスラーム教が進出してきた後には、西欧のキリスト教世界の周辺に位置したということである。西欧の政治および文化の中心は北へ、特にライン・ロワール両河間の地域へと移った。アルプス以北の勢力の中心から、また北部および中部イタリアから、ローマはそれぞれその勢力範囲に入れられたのだった。教皇の座所と西欧の皇帝権に手を伸ばすことができる支配者の主要領域は、空間的に遠く離れており、ローマに介入するためには、必ずしも常にそのための資金があるとは限らない、特別な努力がその都度必要だった。すでにかかる事実が、じっさいに最初から、世俗の支配と教会の指揮が一つの場所にあり、教会の指揮が世俗の支配者に常に依存するという状態を許さなかった。こうして西欧においては、ギリシア＝正教会の東方とは異なり、私たちが「皇帝教皇主義」(Cäsaropapismus) というあまり適切ではない呼び方で特徴付ける現象が成立することはなかった。従って、西欧は組織的には、精神的分野において教会によってのみ一つである。教会の精神的リーダーである教皇は、確かに世俗の分野においても政治的指導の要求を掲げたが、しかしそれを継続的に主張することはできなかった。またそのことが原理的に解決されることもなかった。教会と世俗の諸国家はこれから先、時流に制約された妥協、すなわち政教協約(4) (Konkordat, Modus vivendi) の形式の中で一緒に生きていくのである。

教会と世俗の二元性

これらのことは全て第一級の社会史的事実である。なぜなら、それぞれのキリスト教世界に内在している教会と世俗の二元性が、あらゆる対立の傾向にもかかわらず、西欧では最初から東方よりもはっきり現れ、中世中期の激しい闘争の後にその姿を完全に現すからである。人々はここでは教会と世俗という二つの世界（Sphäre）の中で生きており、この二つの世界は相互に大変に緊密に結びついている。なぜならば、平信徒も教会に属しており、また聖職者も世俗の財産がなければ生きていくことができないからである。しかしそれぞれの世界の頂点は分離したままであり、このことは下の方に影響を及ぼした。というのは、世俗のさまざまな関係の中に深く関わっている聖職者もまた、全体としては固有の領域として存在している教会の構成員だからである。また教会を代表して常に発言することができるような世俗の権力者も存在しなかった。聖と俗の勢力を合わせ持ち、いかなる異議も受け付けないような機関もなかった。このことは――私たちはいずれ検討することになるが――法についての西欧の見解に重大な影響を及ぼしたのである。それはまさにここにおいても宗教的な観念もまた有効だったからである。

西欧とローマ＝カトリック教会は重なり合っている。従って私たちは西欧の領域の中に、首都大司教管区と司教区という教会の組織形態を見ることができ、司教区においては徐々に小教区のシステムが形成されていった。その他には、特殊な宗教性の担い手であり、古典古代および古代＝キリスト教の精神的財の保護者であり仲介者である修道院が存在している。

このような組織形態は、キリスト教的古代後期の遺産である。この組織形態は、民族移動の時代に荒廃した場所で再確立されるとともに、西欧に編入された地域の中に持ち込まれた。これらの組織形態は全て、実際には、世俗の財産の基礎の上でのみ（ただしこの数世紀においてはさらに領主支配の諸権利の基礎の上で）存在することができる。従ってこの組織形態は、世俗の社会構造の中に深く関わり合っており、この世俗の社会構造との関連でのみ、その機能を理解することができる。全体教会に対する古代後期の指揮がなくなると、それぞれの王国の「地域教会」（Landeskirche）の中に、そして領主支配の世界に由来する私有教会(5)という特に下級教会に対する下から広がった影響力の中に、今や国王の教会支配を見いだすことができるのである。私たちは従って、教会が大変に重要な地位を占めている世俗の秩序に注目する必要がある。

三　王権、民族と法

民族移動期のゲルマン人の王国建設――この中では、フランク王国が西欧の歴史的展開を決定的に規定する重要性を持っている――から始めなければならない。国王が自らの民族（Volk）を支配するのが、王国（Regna, Königsreiche）であり、フランク王国の王たちのように、たとえ支配が複数の民族に及んだとしても、国王の民族が王国に名を与えている。民族（部族）の生成と王国建設が歴史的に密接な関連にあり、国王の支配によって政治的に形成された諸民族が、その民族の特徴を示している内的な統一性とりわけ法的な統一性を時間をかけてようやく獲得する、まさにそのような場合、国王と民族――あるいは部族（Stamm）とも言うが――は、相関しているのである。

ゲルマン的遺産

民族移動期の国家建設は、その大部分がゲルマン民族の産物である。それゆえ、社会構造全体、特に国制と法は、西欧では相当程度、基本的形態において「ゲルマン」に由来している。このことは当然のことながら、古ゲルマン的な生活形態がそのまま残ったという意味ではない。社会形態と法制度がゲルマン的な基礎から形成された場合には、それは「ゲルマン的」と呼ばれている。しかしこの「ゲルマン的」という表現によって、かかる生活形態が、例えば、ゲルマン人だけに特有であり、同じ形態あるいは似たような形態は他の場所で見つけることができないということを述べているわけでは決してない。このことを指摘することは、再び歴史的に条件付けられた、あまりにも一般的な「ゲルマン」と「ドイツ」の同一視に対して必要であり、同じようにまた、全ての新しい歴史的現象はすでに「起源」(この起源は私たちの知るところでは、始まりに他ならない)、すなわち「歴史的根底」の中に完全に基礎づけられているとみる過剰な発展概念に対しても必要である。私たちは、西欧の文化の古典古代的、キリスト教的およびゲルマン的な基礎を知っている。しかしながら、これらの要素は大変に複雑に集まり、そして互いに影響を及ぼすことによって、これらの要素は変化し、織物がさまざまな色の糸に分けることができないのと同じように、もはやその個々の要素に分解することができないような新しいものが生まれるのである。

農民戦士

ゲルマン人は農民、農民戦士であり、数百年間、古代の都市文化に触れていたにもかかわらず、農民、農民戦士であり続けた。彼らの経済生活は主として農業であった。彼らが、ローマ帝国の領土の中に王国を建設した時、そこには都市的な生活形態が残っていたにもかかわらず、ラティフンディウムの形成によって再農業化がすでに始まっていた。古代の交換経済の衰退は、ゲルマン人が登場する前からすでに始まっていた。その中でまだ続いていたものは、古代後期の「強制国家」(1)に抑え込まれた。「強制国家」の滅亡は、古代の交換経済の崩壊を、大変にゆっくりではあったが、さらに推し進め、このことはまた、新しい西欧的な交換経済の最終的な復活に自由な余地を作り出したのだった。しかしさしあたっては、もともとゲルマン人の地域においては、ゲルマン人が占領したかつての帝国の属州においてと同じように、農民と領主からなる農業経済が優勢だった。都市は所々で消滅し、また広い範囲で衰退しあるいは定住地や経済の中心地の機能を失った。とりわけ古代の都市と都市領域は、古代の政治＝社会構造の中で持っていた基本的な機能を失った。このプロセスは、古代の側から見れば、衰退、解体、没落とみなされるに違いない。古代の文化圏に属さない諸民族、すなわち古代の意味における「野蛮人」の生活形態は、さしあたり長く維持された。しかしながらこの点に西欧の未来に対する可能性が含まれていた。古代の世界は、都市の交換経済と地方の大土地所有の上にそびえ立つ強制国家という袋小路の中に入り込み、さまざまな努力にもかかわらず、それ自身の前提条件のために、この袋小路から抜け出すことができなかった。このことは、中世＝西欧の社会史とビザンツの社会史の比較から明らかである。地中海の都市文化から見れば、経済的な後退であるように見えることは、新しいものを形成する始まりであったのである。

法観念——保護と援助

このことは国家と法の分野に関しても当てはまる。ゲルマン人が、古代後期の強制国家とその「キヴィリタース」(Civilitas)——これはとりわけ「法の遵守」(Custodia legum) である(2)

――の世界の中に持ち込んだものは、比較的単純な生活形態、すなわち農民＝貴族的に規定されたかなりゆるい部族構造と法の独特な解釈であった。この法は確信、すなわち法の担い手の宗教的に基礎づけられた確信の中で生きており、法はその担い手である指導者（Fürst）と人民（Volk）の上にある掟であり、この掟に対して文字による確定は二次的なものである。法は「見つけ出される」、「判告される」ものであり、裁判君主と裁判共同体ないしは判決発見人という独特な二元主義が現れ、それはゲルマン起源の国制の二元主義的な基本形態に由来していた。ここではさらに初期の遺産として、自力救済（Eigenmacht, Selbsthilfe）、フェーデ[3]、「私的」執行が相当生き続けていた。中世の支配者たちは、数世紀にわたって、繰り返し自力救済の制限いやそれどころかその排除に努めてきた。それは本書で取り扱う時代の最後、すなわち近代の始まりにおいてようやく完全に成功したのだった。しかし自力救済がかなり存在する限り、全体の社会構造はもっぱら保護と援助の関係によって規定される。保護、それは「強者」が、自らを守ることのできない「貧しき者たち」である「弱者」に与えるものであり、援助、それはこの弱者がその保護者に与えなければならないものである。従って、この社会構造は大いに「支配権力的」なものであると言うことができる。このような全てのことは徐々に生じたものであり、大変に多様な支配関係は、当然のことながら、服従のみを要求するのではなく、ある全く特定の意味における誠実（Fides, Treue）も要求するのである。この誠実は服従を超えている。というのは誠実は場合によっては、明白な命令がなくても君主のために商議を求めるからであり、しかもまた誠実は服従を制約している。なぜなら誠実は「法的にそして道徳的に信頼できる」（ミッタイス）枠の中で、すなわち君主と家臣を同時に義務づける秩序である法の基礎の上でのみ可能であるからである。法に違反することは誠実関係を破壊し、そして法に違反した君主に義務づけられていたことに抵抗することを可能とする。その君主は不法によって、宗教上正当な秩序を犯したのである。従ってFidesは、「世俗的な社会関係」においては「誠実」（Treue）であり、また宗教的意味においては「信仰」（Glauben）でもある。

こうした全ての多様な誠実関係は、一つの共通点を持っている。すなわち、この誠実関係はしっかりした制度に形を変え、しだいに相互の権利と義務を精密に確定することになるが、しかしながら不確定、不安定な要素が、この多様な誠実関係の中に残ったということである。かかる誠実関係は、君主の命令権の下への厳格な従属を意味することもあれば、また単に上位にあることを形式的に承認することだけを表すこともある。この間にはさまざまな段階的なものがありうる。結びつきの強さ、その政治的そして法的意義は常に流動的である。君主の最も重要な義務は、常に家臣の保護である。その保護の実行は、君主が自由に使うことができる力に左右され、そしてこのことによって誠実関係にそのときどきで全く異なる重みを与える。例えば、厳格な国王支配と「封建的アナーキー」（feudale Anarchie）の間で、頻繁でしばしば急激な変化が起きていることを私たちは知っている。同じことは他の種類の支配関係にも認めることができる。支配関係が単に形式的なことになってしまったり、あるいはすっかり忘れ去られることも珍しくない。しかし支配関係は常に再び呼び起こされ、効力のある従属へと強化されうるのである。こうしたプロセスは権力なしではほとんど考えられないが、しかしながらかかる権力は単独で存在しているものでも、また単独で作用するものでもなく、また法から切り離されて作用するものでもない。というのはこうした全ての対立は、中世の法観念の土壌の上で生じ、そのときどきに到達した段階――君主の利害の方が強い場合もあれば、支配される者たちの利害の方が強い場合もある――を法的に確定する傾向にあるからである。ここにおいて集団の利害が衝突し、その場合、何が合法であり、何が不法なのかという点が争われたために、支配および誠実関係は、現実のあるいは推測上の不法に対する抵抗、すなわち係争中の集団によって合法と判断されることあるいはそのように主張されることをめぐる闘争に左右されるのである。従って、支配の枠組みの中にいくつかの「ゲノッセンシャフト」、すなわち一つの領主支配圏の中で同じ権利を持つ者たちの集まりが形作られる。さらに自治を獲得することに成功したゲノッセンシャフトは、自らの君主に対しても行為能力を持つことを目指して、支配権力的に秩序づけられた頂点を作り上げた。「領主」と「ゲノッセンシャフト」を、例えば君主主権と人民主権のような近代のモデルに従って、対立し分離した二つの構成原理とみなすべきではなく、絶え間ない相互作用の中で相関していると見るべきである。両者はともに、結合と対立の中で、西欧の政治＝社会の構造を規定しているのである。

王権

王国の創建者と担い手は、国王であった。国王は、主権という概念が近世において定式化された意味においては、主権者ではない。というのは、国王は外に対しては皇帝と教皇に従属しており、そしてここで何よりも重要なことは、内部においては伝統的な法に結びつけられていたからである。疑わしき場合に何が法であるのかを国王ひとりでは決定することはなかった。なぜならかかる法は宗教的に基礎づけられた掟であり、この掟に支配者もまた結びつけられていたからである。この呪術的＝宗教的な基礎の中に王権もまた深く根をおろしている。王位の継承は血統権によって決められていた。なぜなら王権は特別な国王霊威によって特徴付けられたある特定の家系の中にあり、その家系から支配者が選挙によって選ばれるからである。相続要素と選挙要素がここでは互いに結びつき、そして少しずつ分離した結果、相続要素か選挙要素のどちらかが前面に現れるのである。国王霊威は実り豊かな呪術的な活動、特に勝利の中で明らかになる。なぜなら、少なくとも国土防衛の場合には、国王は人民を軍として召集し、そして勝利を収めた国王は、その地位を大いに強化する威信を手に入れるからである。ここではもともとは異教的な要素が後の時代においても影響を残したが、キリスト教信仰への移行は、形而上的な神との関係をもたらし、この関係は支配者を人民の上に押し上げたのだった。私たちはここにおいて「神授王権」（Gottesgnadentum）という言葉を用いる。しかし勝利を収め、そしてキリスト教徒になった支配者は、法に結びつけられたままであり、いやそれどころか、西欧において生き続けそしてますます強化された教会と世俗の分野の二元主義が、私たちが他の文明において知っているような宗教的に基礎づけられた絶対主義を不可能にしたのだった。

人　民

支配者に対して「人民」（Volk）は、支配者の言いなりになる家臣の集団としてではなく、そのときどきに政治的な権限を持つ者の総体として向かい合っており、彼らは軍隊と裁判において支配者とともに行動している。私たちはこのような「人民」の集会を時代によって変化した形態で知っている。三月あるいは五月集会、王国宮廷会議、レーン集会、議会（Parlament）、これらの間に、直接的な関連すなわち制度上の連続が常に存在するわけではない。これらの集会が、政治的な決定において単に形式的な意義とごく僅かな重要性を持つに過ぎないこともまれではなかった。また、これらの集会が一時的に全く開催されなかったこともあった。しかし支配者は人民と一緒でなければ行動することができず、政治的あるいは世俗的に重要な原則的な問題において、支配者は人民の同意を必要とするという基本原理は生き続け、十分に発達した絶対主義においても、この原理は決して消え去ることはなかった。中世初期の原初的で広域におよぶ王国の中で、これらの集会は「直接民主制」の形態としては大変に不完全にしか機能しなかったが、このことは前述した部族の構造に相応している。これらの集会はしばしば戦争に動員される召集（Heerbann）と一致した。私たちは、最終的に近代的な代議制にいたる形態の萌芽がどこにあるのか研究しなければならない。しかしさしあたっては、この「人民」をその内部構造において知ることが必要である。あらゆるこれらの集会の中に、これだけでは決してないが、しかしながら「大身者」（Große）、「有力者」（Potentes）がはっきりと現れる。古くからの部族集会は、貴族的な要素を持つ農民から構成されており、今や貴族すなわち土地領主がますます重要性を増すのである。

四　荘園と農民

王国を建設した農民戦士部族（Bauernkriegervölker）は貴族を持ち、少なくとも萌芽としては、土地領主制の原理を知っていた。彼らは衰えつつあるローマ帝国の領土の上で、従属的な大量のコロヌスを持つラティフンディウムが決定的な意義を有していた農業構造をすでに見ていた。征服した国王の戦時の従士が、土地領主の地位に就いた。これらの世俗の領主である有力者の他には、司教や修道院長といった聖界の領主が一層増加するのである。

領主支配の経済的機能

カロリング時代に大いに形成された領主支配圏は、経済的には領主直営地（Villa）すなわち領主の自己経営（Eigenbetrieb）の原理——領主直営地の中に古代の農業技術の成果が残っていた——と借地として分配された農民保有地（Bauernstelle）の結合に基づいている。この農民保有地は、明確に規定された量の貢租（Abgabe）と夫役（Dienst）を提供しなければならないが、しかしそれ以外では経済的に自立している。ここにおいて自由な農民と非自由な農民が現れ、両者は一方的に変更することのできない明確に規定された法的地位にあった。部族は自由人すなわち政治的な有資格者によって担われており、非自由人は自由人に従属していた。領主支配の世界の中で、同化のプロセスが生じた。ライン・ロワール両河間のカロリング帝国の中核地おいて、フーフェ農民という類型が現れ、そこでは農民の所有物すなわち家屋と屋敷地、耕地と森や牧草地の用益権が全体としてバラバラではなく法的に一つにまとまっていた。このようなフーフェ農民すなわち完全フーフェ保有農は一つの基準と考えることができ、この基準は確かに大部分の農民によって達成されたわけではないが、しかしながら農民は理想的なケースとしてこれに目を向けたのだった。このフーフェの仕組みは、その出発地から特に北部と東部に徐々に広がったが、至る所で完全に定着したわけではなかった。その拡大は、三圃農法の登場と関係している。ここにおいて家畜飼育とともに後退した古くからの穀草式農法や焼畑農法に代わって、はるかに収穫が多い栽培方法が現れ、この栽培方法は、「穀作化」（Vergetreidung）をもたらし、人口がますます稠密化するための前提条件を次第に作り出した。(1)

特に、領主の自己経営と安定した農民層とが合成されたことによって、開墾のための前提条件が作り出され、開墾はフランク王国において六世紀に始まり、中世中期の大規模な森林開墾においてその頂点に達した。

領主支配の政治的および法的構造

領主に拘束された農民であっても相対的に経済的に自立しており、早い段階から能動的に行動していたことは、西欧の社会史のきわめて本質的な基盤である。領主と農民の法的関係から西欧の社会史を理解することができるのである。領主は「不輸不入権」を持っている。すなわち、その領域——決して閉ざされているわけではないが——は、特定の場合を除いて、上位にある「国家的」機関の干渉から自由である。領主はその固有の支配圏を外に対して代表している。古代末期においては、皇帝の国庫領、教会の所有地と元老院貴族の一部の所有地が、「不輸不入権」すなわち国家の負担からの自由を手に入れていた。フランクの王は、不輸不入権を教会に与えた。貴族の固有の支配圏も、それが貴族の所領を相続により手に入れた法的立場からであるにせよ、またもともとは王領だったものを獲得したことによってであるにせよ、類似した立場を手に入れた。私たちが史料の中で目にするのは、主に不輸不入権の負の側面すなわち外に対する境界の設定である。しかし不輸不入権は内部において、支配権すなわち人に対しては「ムント」として、物に対しては「ゲヴェーレ」として現れる領主の家権力によって満たされていることによって、初めてその機能を完全に発揮する。ムントとゲヴェーレは、いざという時には保護されなければならない人と物に対する支配権である。自力救済を知っている社会秩序の中では、このことはやむを得ないことである。領主支配の中核は、領主の家なのである。家は古くから一つの特別な平和領域すなわち一段と高められた平和の空間であり、その破壊は重大な犯罪である。ここにおいては、領主はその一族、僕婢（Gesinde）、非自由人、また場合によっては戦時の従士に対して直接的な家権力を行使する。領主は彼らを保護し、彼らのために責任を持ち、場合によっては通常の裁判所に彼らを引き渡す。保護権は、領主の家が属すラントにも及び、さらにラントにある家々、農地や私有教会にも及んだ。このような家々は、農民の家権力が一族や僕婢に対して有効な特別な平和領域ですらある。家長は広範な懲罰権、懲戒権を有し、そして家長の同意が無ければ家に属する者たちに対して人的および物権的な決定を下すことはできなかった。

このような家権力は、農民の経済事情に合致している。というのは、農民経済は生産量と消費量を調整するための計画的な経営と家構成員の労働（家族の場合は無報酬）の規則正しい投入を必要としたからである。このことは農民の家および広い意味において領主の家にも当てはまるが、都市における市民の家も類似した構造であり、そこでは例えば商業使用人（Handlurgsgehilfe）と職人（Handwerksgeselle）が奉公人（Gesinde）として家団体（Hausverband）に含まれている。家と家権力のこのような基礎は長いあいだ維持された。啓蒙絶対主義およびフランス革命の立法が初めて、このような基礎を大幅に制限し、国家権力に直接従属する「公民」（Staatsbürger）を作り出した。この時代にいたるまで、「家長」だけが——彼らは「自分の竈から煙を立ち上らせる」（einen eigenen Rauch aufgehen lassen）——その時々の法圏（Rechtskreis）の中で完全な権利を持っていたのである。

それゆえ、土地領主制は領主の家に分類される家々から構成されている。結びつき方の種類は、借地の形態ならびに荘民（自由人と非自由人）の人的立場の形態により、大変に多種多様である。しかし全ての人々に共通していることは、領主の保護権の下に置かれているということである。従って彼らは領主に援助を義務づけられており、誠実すなわち法の基礎の上で、領主に結びつけられている。非自由人——体僕領主権[(2)](Leibherrschaft)の弱められた形態において非自由は数世紀にわたって残り続けた——もまた、領主支配の中では法的人格

（Rechtsperson）である。領主との結びつきの中で、統一的な農民身分が形成される傾向は明白である。農民は領主支配の中で隷属農民（Grundholde）になり、自由人と非自由人を区別する部族法は意味を失った。また、荘園にはめ込まれていない農民も特別な保護を必要とし、彼らは国王やその官職保持者の保護下に入るかあるいは特別な集団として領主に加わった。領主支配圏は一段と高められた平和の空間として現れるのである。領主の保護権力は、完全武装した戦士の手の中にあり、たいていの場合、武器を持たないわけではないが完全に武装しているわけでもない農民――このような農民を国土防衛軍（Landsturm）として召集することができたにすぎない――に対して行使された。この保護権力は従って、自力救済を広く除去し、裁判という手段を強要することができた。確かに農民の血讐という事例は、近代に入ってまで起こっているが、しかし大体においてここでは平和が実現されていたのである。これとともに、母系親族のジッペ(3)であるゲルマン人においては、すでに他の所よりも弱かったジッペの結びつきが、その意義を失ったのである。領主支配の原理が優勢ではなかった周辺の地域においてのみ、例えば氏族制を持つブリテン島のケルト人、あるいは北海沿岸の農民的なラント共同体において、ジッペの結びつきがはっきりと保たれたのであった。

一段と高められた平和を作り出しそしてそれを絶えず強要する領主支配に内在している傾向

は、本来は限定されている裁判権を可能な限り拡大すること、そして国王の管区の任務とその部族法的な裁判の任務を自分に引き寄せることを駆り立てたのだった。このことについてはまた取り上げることにしよう。領主支配はまた、ゲノッセンシャフト的なさまざまな形態、すなわち荘園法に基づく裁判共同体と近隣関係、集落共同体（Siedlungsgemeinschaft）から生じた村落の自治を許容した。荘園の中では、緊張関係、利害の衝突、戦闘がなかったわけでは決してない。できる限り自分の権利を利用しそして従属関係を単一化しようとする領主の傾向は、伝統を主張しそして自分たちの立場を改善しようとする農民の努力と同様に明らかである。しかしこのような全ての対立は、保護と援助という相互の関係を意味している誠実の絆の中で起きた。近代国家が保護権力を独占しそして領主支配を意味のないものにさせるまで、この絆はたいていの場合あらゆる対立より強く作用したのである。

農民の労働エートス

このように農民は西欧においては一個の独立的な形態であって、あらゆる従属性にもかかわらず、経済的そして法的にかなり自立していた。農民は、「エジプトの農民のような相対的奴隷」(Fellache) のタイプに下降することもなければ、また部族世界のように農民戦士でもなかった。領主の保護と平和の中で、主として経済的に整えられた西欧的な農民類型が生まれた。その主要な活動は、家と農場における平和的な労働である。このような状態であればこそ、ここにおいてなによりもまず、新しい労働エートスが根をおろしたことを理解することができる。この労働エートスは、古典古代の都市文化の貴族層とは無縁であったのと同様に、ゲルマンの貴族＝農民的な戦士世界とも無縁であった。労働に対するキリスト教の高い評価は、修道院制度の中で実際に適用されたにすぎなかった。荘園――さまざまな点で手本となっていた修道院の荘園だけではなく――の中で、自意識を持つ農民を許容する社会構造が形成されなければ、労働に対するキリスト教の高い評価が広く影響を及ぼすことはなかったであろう。ヨーロッパ的な農耕地域を作り出しそして東方植民という出来事を可能にした六世紀から一三世紀の大規模な入植というものを、まさにこの意味において理解すべきである。このような成果自体は、領主が組織的な枠組みを与えたのであるが、しかし積極的な農民層によってまさに成し遂げられたのである。キリスト教は、西欧においては上からすなわち国王、貴族から浸透し、そして大変にゆっくりと広い階層の人々を内面的にも捕らえた。しかしながら次のことを言うことができる。「宗教的な祝祭は、外から日常生活に持ち込まれたのではなく、日常生活の継続と高まりとして生まれた。異教的な祭祀の習わしと結びつくことによって、キリスト教の宗教的な労働エートスが労働する人々に流れ込み、その結果、労働は外面的に作り出された良い評価によって聖化されるのではなく、神の御業への関与として道徳的そして宗教的に価値があるとみなされ、祝祭日は労働の日から自ずと形成された高まりとして体験された（F・シュタインバッハ）(4)。」それゆえ、ここではまずこのキリスト教的な労働エートスが作用し、そしてこのことは同時に、多くの農民の内的なキリスト教化を意味した。中世中期以降、さらに都市民が同じ道を歩んだ。支配者層は、この労働エートスを知らない。いやそれどころか、彼らはしばしば労働している人々を軽蔑していた。しかし彼らは領主支配、その保護と平和の領域、領主支配的に結びつけられたその私有教会の中で、このような農民類型が成立する前提条件を作り出したのである。

五　国王の官職

国王罰令権——狭義の保護と広義の保護

自力救済（Eigenmacht）が大変に有効に作用し、またいつでも可能である領主支配の世界の中で、国王の力すなわち呪術的＝宗教的起源の国王罰令権が作用している。国王の中心的任務は、平和と法の保護である。しかしこの王国の内部構造は、大変に長く影響を及ぼした一般的すなわち広義の保護の領分と狭義の保護の領分への区別を前提にしていた。近代国家すなわち絶対主義以降の行政国家の発生を、狭義の保護——その最も重要な手段は結局はポリツァイである(1)——が広義の保護の領分へと拡大していく歴史として描くことができる。このプロセスは長くそして中世に深く遡る前史を有しており、それはまさにかかる区別を前提としている。一般的な保護は、外に対してもまた内部においても国王の国（Reich）全体に関連している。国王は軍事罰令権の担い手であり、この軍事罰令権は少なくとも国王に直接従属している人々をラント防衛に召集する権利を意味している。勝利をおさめ王国を建設する国王は、古くからの呪術的＝宗教的なその支配の基礎を、今や絶え間なく主張する軍事統帥権（Kommandogewalt）によって拡大した。この軍事統帥権は、西欧の君主制の本質的な基礎であり、一九・二〇世紀にいたるまで、議会制的統治システムは軍事統帥権を自らの下に置くか、あるいはただ形式的に君主の手の中に残しておいたのである。最近の数世紀においては、軍事の分野は市民の分野からはっきりと区別されている。このことは明らかにしかるべき制度が形成されたことを前提としている。しかしかなり早く、すでにフランク王国において次のような試みを見ることができる。フランク王の臣民――ここでは部族ではなく「人民」（Leute）として現れる――に対する支配を、フランク部族に対する支配およびそれを通じたフランク王国に属す他の部族（ここでいう「部族」は法的＝政治的意味で理解される）に対する支配に付け加えるという試みである。

この支配を付け加えるための手段が、「一般臣民宣誓」であり、それはメロヴィング時代における「レウデース」（Leudes）の宣誓、カロリング時代における封臣のレーン宣誓に倣って作られた。メロヴィング時代の「レウデース」は、Leudes sublimes すなわち国王に勤務することを義務づけられている領主として現れ、また Leudes pauperes すなわち農民戦士として王領でケンテナーリウス[(2)]の下にある国王自由人として現れる。このレウデース（pauperes）は、大身者よりもかなり強く国王の特別な保護の下に置かれており、国王に緊密に義務づけられていた。臣民宣誓は、これを手本とするとともにカロリング時代におけるまだ検討しなければならない家士制関係に倣って作られたが、この臣民宣誓は狭義の国王の保護の領域を広げるとともに、全ての臣民に対する国王支配の領域を広げ、法的な相違をさしあたり取り除くことなく、「部族」と「人民」を事実上一致させようとする試みを意味している。しかし臣民宣誓は失敗せざるを得なかった。なぜならかかる企ては至る所で、不輸不入権を持った領主支配圏に邪魔されたからであり、さらにまた部族とその部族法が広く存続していたからであった。国王が権利を主張しようとするならば、国王は狭義の支配領域を必要としたことが、すでにここにおいて明らかである。

　国内における平和と法の守護を考察する時、このことは少なからず当てはまる。ここでは自力救済と法廷における訴訟のいずれもが可能であった。両者は合法的な方法であり、また宗教的に正当化された形態の中で執り行われる。このような状態が続く限り、統一的な国家権力すなわち「正当な権力の独占」は存在しない。国王は部族とともに統治するが、しかしこの部族の中には、もともと存在していた多数の権力者がおり、彼らと一致する特別平和が存在し、彼らはその中では「正しい暴力」を行使することができた。国王は、フェーデの制限いやそれどころかその排除に最大の関心を払った。強力な国王はこのことに時々成功した。この傾向にとって必要な第一の前提条件は、十分に機能する裁判制度である。この裁判制度が機能しないならば、直ちにフェーデが行われるに違いなかった。

ガウと伯管区

有効な判決は、見渡すことのできる狭い区域の中でのみ可能であった。そのためゲルマン諸部族はすでにガウに分けられており、(3) 王国もガウあるいはガウに徐々に同化した古典古代に由来する都市領域から成り立っている。ゲルマン人のガウには、裁判を主宰する貴族の家門が存在し、征服したロマンス系民族の地域には、国王の官職の担い手として国王の委任官、伯(Comes, Graf)が存在した。彼らは裁判官としてだけでなく、他の公的な任務も託されていた。かかる伯管区制度は、フランク王国の中核地域から徐々に広がったが、東部のゲルマン人地域では完全に浸透することはなかった。こうして国王の管区の網の目が作られたが、しかしそれは単に管区であっただけでなく、同時に伯管区の人々（Pagenses, Grafschaftsleute）による部族法的な裁判共同体と軍事共同体であり、その中では直ちに土地領主が現れたのである。伯の職は――このことはすでにその任務が原因であるが――貴族の手の中に落ち、六一四年に、伯は伯管区共同体の中から任命されるべきことがはっきりと規定された。(4) 伯管区の上に、本質的には軍事的任務を任された大公領（Dukat, Herzogtum）が存在する。この大公領もまた単に国王の管区ではなく、長く続いたところでは、共同体を形成した。このことは特に東部のように、部族と結びついた部族大公領（Stammesherzogtümer）（下王国という立場で）が生まれた所では明らかである。伯や大公になる有力者は、不輸不入権を有する荘園の領主であり、彼らはその人民を徴募し、彼らを裁判にかけ、重大な場合には彼らを伯裁判所に召喚した。このような有力者は、必要な場合には、自力救済によって自分自身を守ることを心得ていた。ラントおよび官職の担い手として、国王と彼らの結びつきは緩やかであり、彼らの「誠実」は常に抵抗――その支配の勢力手段を用いて行うことができる――の可能性を内包していた。従って国王は、その支配の基礎となり得るような狭義の国王保護の領域を必要とした。この中には国王の家が属し、その家においては国王は家権力を行使し、その「家役人」（Hausbeamte）から中央行政の発端が発生した。さらに国王支配の大きな複合体、すなわち王領と国王の特別保護の下にある広大な教会領を持つ教会支配が、この狭義の国王保護に属した。全ての「弱者」(Schwache)、「貧しき者たち」(die armen Leute)——自分で自分を守ることができない者と地方の領主の保護下にない者——は、この国王の特別な保護に属している。彼らはOcto banni regis(5)というステレオタイプで現れ、その中では「寡婦と孤児」とよく呼ばれる人々が、特別な保護を必要とする者のタイプとして現れる。さらにレウデースもこの特別な保護を必要とする者に属し、小国王農民(die kleinen Königsbauern)ならびに国王のレウデース(sublimes)もまたこれに属す。もっともこの結びつきは常に危険にさらされており、このことはメロヴィング家からカロリング家へのフランク王国の支配の移行のような危機の時代にはっきりと現れる。かかる状況の中で、レーン制が成立するのである。

六　レーン制

レーン制あるいは「封建制」（Feudalismus）は、しばしば中世の社会構造の本質的な特徴とみなされている。しかしながら本書では、あらゆる種類の従属、とりわけ荘園制における従属を含んでいる封建制という曖昧で不確かな概念を考察の対象にするのではなく、狭義の意味においてレーン法によって規定された諸関係に問題を限定する。レーン制は、フランク王国の中核地域において形成され、そこから西欧に広がった。しかしながらあらゆる場所で同じように浸透したわけではなかった。特に、周辺地域においては、レーン制は国王の官職管区に波及していないかあるいは継続的に波及することはなかった。ポーランドやハンガリーのような東方における新しい国々、すなわち「封建的」性格の顕著な貴族の国々では、レーン制は全く浸透しなかった。しかしレーン法的諸関係が優勢な地域においても、レーン制が余すところなく浸透したわけではなかった[(1)]。多かれ少なかれ、レーンの他に自由所有地的な支配が地歩を固めていた。特にレーンの対象である土地所有やそれに付随しているさまざまな支配権は、レーン法の成立によって初めて生じたのではなく、以前から存在していたものだった。「自由所有地制」(Allodialismus)(W・シュレジンガー)あるいは「豪族支配制」(Adelsherrschaft)(H・ミッタイス)について十分な根拠をもって語られるが、封建制すなわち「レーン制」がこの上に積み重なっているのである。

レーン制の起源

常に農業活動に限定されていた従属的な農民の他に、古くから領主に勤務する戦士が存在した。私たちはこのような戦士をガロロマン系の元老院貴族に仕えているBucellarius(私兵隊)という名で知っている。彼らはフランク時代には、ケルト的起源の言葉であるVassi, Vasalliと呼ばれていた。私たちはさらに、ゲルマン人の君主と貴族の戦士的な「僕婢」(Gesinde)を知っている。彼らをずっと家の中におくことは、重い負担であり限定的にのみ可能であった。鎧兜に身を固めた騎兵が、戦争の遂行にあたってますます重要性を増していただけに、このことはなおさらだった。ステップ民族の遺産として、装甲騎兵(Panzerreiter)がすでに古代後期には、ローマ人と東ゲルマン人の中にそしてビザンツやイスラーム的オリエントにおいて現れている。フランク人も、もともと農民戦士的な性格をはっきりと持っていたのではあるが、以前からこの装甲騎兵を知っていた。八世紀の中頃になるとはっきりとするが、次第にここにおいても騎兵がますます前面に現れてきた。彼らに土地――その土地は彼らを経済的に自由にしそして自己装備を可能にした――を与えた時にのみ、このような人々の大集団を維持することができた。このような状況の中からレーン法の基本形態が生み出された。戦士は従属的な農民と同様に、彼らの君主の「隷属民」(Mann)であった。戦士は君主の保護すなわち君主の恩恵(Huld)に身を委ねた。古代後期の「託身」(Kommendation)すなわち君主の保護、勤務への服従が、基礎の一つであった。それはフランク時代においてゲルマン起源の特殊な誠実概念で満たされた。さらに君主から授与された土地すなわち恩給地(Beneficium)がこれに加わった。人的な要素と物権的な要素が、さしあたり純粋に事実として相互に結びついて現れた。このことはまた荘園制における農民にも当てはまった。しかしながらここでは戦士、すなわち自らを守ることができる完全戦士を問題とする。

西欧のレーン制がこの段階にとどまるのであれば、レーン制は騎兵戦士層、小領主あるいは小貴族になることができる大農民の層に限られていたであろう。似たような現象を私たちは他の場所でも知っている。しかしながら西欧のレーン制にとって決定的であったのは、レーン制は直ちにこの段階を越えたということである。君主は、不確かになった結合関係を新しい形で強化するために、レーン制を活用した。初期のカロリング家は、貴族一派との権力をめぐる争いの中で、自分たちを支持する者たちに土地で報いるほかなかった。このために王領は十分ではなかったので、初期のカロリング家は、教会支配に基づいて教会の所領を大いに利用した。その際、教会の所有権を原則的には否認することは望んでいなかったので、恩給地として教会領を国王の封臣に授与することは、やり方としては正当なものということができる。その後、家士制と恩給地が結びつくことが通常となり、勤務と誠実が土地授与（Beneficium, Feudum）の法的根拠になった。封臣は勤務する故に、レーンを占有する。自由所有地の支配で有力な者に、レーンとして別な土地（Gut）を与えることによって、レウデース関係という純粋に人的な絆よりも強く有力者と結びつくことができた。騎兵戦士のみでなく、有力な領主も国王の封臣として現れる。この有力な領主に従属している者は、すぐに陪臣（Untervasall）として認識された。こうしてレーン制の中に「自由所有地制」が持つ遠心的な力を阻む因子が現れた。自分の自由地（Eigengut）に付け加えて国王のレーンを受け取るか、その所有地（Besitz）を全部あるいは一部を君主にレーンとして委託する有力者は、人的および物的により強く君主と結びついた。自らのレーン高権を拡張し、自由所有地による支配を取り除こうとする国王と諸侯の傾向を、中世後期にいたるまで確認することができる。しかしながらレーン制は、自由所有地制を確かに広範に押しのけたが、しかし完全に取り除くことはなかった。

官職レーン

最終的にレーン法は、国王の官職（大公職、伯職）にも転用された。官職保持者は国王の封臣になることによって、彼らは国王とより緊密な誠実関係に入った。官職それ自体、すなわちそれに付着している公的な権力とそこから流れ出る収入がレーンになり、封建関係の物的な根底になった。これにより官職の担い手は、より緊密に国王に結びつけられ、官職の乱用はレーンの剥奪にいたることもあった。しかしレーン法は、このような官職レーンの保持者に法的な保障を与えた。というのは、剥奪はただ特定の条件の下で、特定の法的な規定によってのみ起こりえたからである。レーン制すなわち官職レーンは、国王権力の強化に役立つはずであり、実際このことは力の強い国王の下ではそうなったのだった。しかし中央権力の弱い所では、自由所有地制から受け継がれた地域的な領主支配の傾向が根を下ろしていた。レーンさらに官職レーンもまた、貴族の手の中で事実上相続され、そして法的にも世襲が認められた。これらは地域的な貴族支配制の一形態となり、君主との結びつきはほんのわずかな意義を持つにすぎなかった。これらのレーンは売却され、分割され、他のレーンとまとめられそして最終的には領邦建設の基礎になったのである。

レーン法は「中世国家の行政法」(H・ミッタイス)と言われる。狭い市場関係と限定された貨幣経済という圧倒的な農業社会にあって、軍隊と役人に俸給を支払うために、租税を十分に徴収することは可能ではなく、レーン制は、国家の規格として受け入れられた官僚制的な機構の「自然経済的」代用品とみなされた。それ自体では正しいこのような考え方は、しかしながらレーン制にあらかじめ与えられていた前封建的な時代の支配の基本構造を見落としている。交換経済がより集約的に発展したとしても、この基本構造の上に、近代的な意味における軍事および行政機構を築き上げることはできなかったであろう。ビザンツ帝国とイスラーム諸国における状況を見るならば、このことはまさに明らかである。

しかしながら「中世国家の行政法」というレーン法についてのかの言明は、確かに十分な意義を持っている。君主の目標——それは明らかにかつて完全に実現されたことなどなかった——の中に、自由所有地制という支配構造によって常に弱められそして脅かされていた古くからの国王権力を、人的および物的な従属が相互に結びつく緊密な結合関係によって支えようとする初めての試みが現れる。後の決して完全に実施されなかったレーン制的ピラミッドという観念（ヘールシルト制）中に、国王から諸侯と領主そして小騎士にいたるレーン法的な従属の順位を合理的に練り上げた構想を見ることができる。この意味において、レーン制国家（明らかに実際に実施されたということよりもむしろ基本構想として）を、近代国家への第一歩とみなすことができる。

封建化のこのプロセスは、とりわけカロリング帝国とその後継諸国の領域の中で進行した。新しい「周辺諸国」（Randstaaten）において、確かにレーン法は部分的に浸透したが、しかしレーン法は国王の官職管区を含むことはなかった。国王の官職管区がここでは生き続け、そして最終的にはその裁判共同体を身分制的な自治団体へとさらに発展させたのだった。

西欧の封建制の特色

官職レーンは、フランク＝西欧的な封建制の発展の最終段階にあり、またいかにもフランク＝西欧的な封建制らしいものである。というのは、西欧以外の地域で何か似たような現象としてあげられることは、「ガウの首長」（Gaufürst）すなわち地域的な権力保持者――多かれ少なかれ君主と形式的な従属関係にある――の下にある下級管区に国家が区分されている現象か、あるいは戦士層たいていは騎兵戦士層に付与されている土地所有か収入（租税）を意味する「プフリュンデ封建制」[2]（Pfründenfeudalismus）あたりであるからである。フランク＝西欧的なレーン制はこの二つの形態を結びあわせたものであり、確かに完全には実現しなかったが、合理的に練り上げられた国家機構への少なくとも発端である。西欧以外の地域において「封建的」とみなされるいろいろな要素が、ここでは一つに結びつけられている。その上さらに、他の従属関係と同じように、レーン法的な関係が、合法的な抵抗の可能性を含む誠実結合として現れる。この抵抗の可能性は、行政構造の一部となるだけでなく、国制を排他的に規定することはなかったが、国制全般の一部にもなった。しかしレーン法は、完全戦士であり自らを守ることができる領主および戦士層に適用されたので、ここでは自力救済や裁判（決闘権）という形で現れる権利保護の古い形態が、荘園の農民と都市の市民を含む高められた平和の空間においてよりも、長く生き続けた。

この意味において、中世の「レーン制国家」について語ることができる。しかしながら、レーン制は二つの面を持っており、「封建的な分裂」と同じように、中央集権化の意味においても作用することを認識しなければならない。中央集権的な作用は、一人の君主との排他的な結合あるいはレーン関係の階層的な秩序を前提としている。しかし早い段階で、レーンが大変複雑に集積されたことが、このことを妨げた。封臣は複数の封主を持ち、これらの封主間の戦いにおいては中立を保った。さらに地域と時間が限定され、ラント防衛（Landfolge）の義務を本質的に乗り越えることがなかったレーン法的な従軍義務の規定が、これと同じ方向に作用したのだった。

レーン制国家における国王支配

レバントの十字軍諸国家(3)のように、レーン制が唯一の支配権（Alleinherrschaft）になった所では、レーン制は破壊的に作用した。レーン制に付着している君主の地位を強化する可能性は、君主がその実権を支えている別の基礎（王領、教会支配など）を自由に使うことができるか、あるいは官職管区が封建化することがなかった所でのみ有効に機能する。いずれにせよ、国王はレーン制国家においてもヨーロッパの君主制の伝統的な基礎、すなわち君主の神授権と軍事および裁判権に基づいており、この軍事および裁判権はレーン法的な形態で行使されるのではあるが、しかしその起源はレーン法よりも古い。カロリング家が要求した「臣民宣誓」(Untertaneneid)は、確かにレーン宣誓に倣ってはいたが、しかし同じものではなかった。レーン宣誓は国王に対してその直臣によってのみなされるが、一般臣民宣誓は、君主への直接的な誠実結合をもたらし、自由所有地の所有者も陪臣も義務づけた。陪臣はそのレーン関係において、国王に対する誠実を留保したのである。カロリング帝国の後継諸国において、この臣民宣誓は九世紀後半以降姿を消した。臣民宣誓はやがて一一世紀末以降、ノルマン人諸国すなわちイングランドとシチリアにおいて再び現れる。大ブリテンにおいて、現在にいたるまでのその歴史が示しているように、臣民宣誓によって造り出された「臣民団体」(Untertanenverband)は、近代的な意味における国籍の基礎となったのではなく、国王支配の支柱であったのである。ヨーロッパ大陸でのように、臣民宣誓が取りやめになった所では、国王の権力はしかしながら単なる最高封主支配権(Oberlehnsherrschaft)に限定されたわけではなかった。少なくとも理論的には、平和と法の保護は常に国王の任務であり、権力が強化されることによって、保護はより効果的なものとなった。一〇・一一世紀のフランスの王権は、パリとオルレアンの間の王領地(Domaine du roi)に限定され、そして最高封主としてただ要求を掲げることができるだけだった。同じ時代の有力なドイツの王権は、例えば、部族大公をより強く国王に結びつけるためにレーン法の成果を利用したが、しかし王権は主として、王領地とオットー＝ザリエル期の帝国教会支配に支えられていたのである。

七　高級貴族と下級貴族

貴族支配制

封建制度が十分に浸透している地域、とりわけドイツやフランスにおいて、王国はさまざまな種類の地域的な支配形成体（Herrschaftsgebilde）から構成されていた。レーン法が、排他的ではないにせよ、上位の諸権力との関係を広範に規定していたが、しかしこれら上位の諸権力は、レーン制あるいは封建制度の産物ではない。この上位の諸権力は、貴族支配制の表れである。力のある者たちは、高級自由人あるいは自由貴族、諸侯（Barone）などの階層を形成する。ヴァイキング、アラブ人とマジャール人の侵入によってカロリング家が弱体化したことは、局地的な支配権力者が強くなることに役立った。貴族の城塞の建設が広がったことが、このことをよく表している。局地的な支配領域というものは、その空間的編成と配置が同じではないにしても、またそれら全てが直接君主の手の中にあった場合でも、存在するであろう。ヨーロッパの周辺諸国の構造が、このことをはっきりと示している。国王支配と貴族支配のそのときどきの関係について、さまざまな話し合いが行われた。この話し合いは、相手がいなければ考えられないことではあるが、しかし互いに対立していた。国王の官職管区がレーン化された所では、その官職管区が再び国王の手に戻るまで、ドイツのように継続的にあるいはフランスのように少なくとも一時的に、「諸侯」と「伯」の手の中で、「領邦」が形成されるかどうかが問題であった。フランスにおいても、領邦は政治的そして法的統一体として数世紀にわたって存続した。国王の官職管区がレーン化されていない場合であっても、この官職管区は明らかに固有の生命力を持った。このような種類の形成体は、たいていは「伯管区」（Grafschaft）あるいは伯管区の複合体である。従ってドイツとフランスの大公は、伯管区を直接支配下に置いている時に、広範に有効な高権を主張することができ、聖・俗の領主は、「伯の諸権利」を獲得した時に、類似の地位を獲得するのである。

ここにおいて対象となる「伯管区」は、カロリング時代の国王の官職管区であったガウ伯管区（Gaugrafschaft）ではもはやない。よく知られているように、特にドイツでは、かかるガウ伯管区が網の目状にあったわけでは決してなかった。私たちは、「自生的」な裁判権力の存続を考慮に入れる必要がある。一一世紀以降に伯管区として現れたものは、その境界線において、古くからのガウにほとんど合致していない。城塞が伯管区の中核となったのである。その他に自生的伯管区あるいは土地領主制的伯管区が存在しており、このことは貴族の支配が、伯管区の地位へと上昇したことを示している。空間的な再編過程を問題にする限りでは、その過程は部分的には国土の官職管区のレーン化によって引き起こされた。司教と修道院長の大きな文配領域においては、不輸不入権と同時にその裁判権が強化された。これら聖界領主の多くが高級貴族の出自であり、彼らはその裁判権を行使するために、高級貴族の保護者（Vogt）を必要とした。ドイツにおいては、伯管区も聖界領主にたびたび委ねられたが、ただしこの伯管区はおおむね貴族である領主にさらにレーンとして与えられた。私たちはこのような複雑な経過を、かつての「官職」がさまざまな支配権で満たされることとみなすことができる。しかしながらここで重要なことは、外面的な結びつきではなく、内部の変化である。伯管区において行使された上級裁判権は、主に仲裁および贖罪裁判権であった。死刑になる行為の範囲は、狭く限定されていた。(1)伯管区と領主支配が結びつけばつくほど、平和を高めることを強制し、血讐や和解の代わりに流血裁判権(2)を設定する要求がますます強くなった。非自由人に対する裁判権に倣って、さらに軽微な犯行に対して「膚髪刑」(3)（Haut und Haar）の刑事裁判権が発達した。部族法的な現行犯手続きは、流血裁判権を拡大する可能性を与えた。フランスにおいて、ドイツにおける下からの裁判権の上昇に相応することは、国王と「諸侯」（Barone）が流血裁判権に該当する事件をより多く留保したということである。イングランドにおいては、国王の官職管区が存続していたために、領主の裁判権は限定されたままであった。

このような流血裁判権は、まず第一に農民と市民に対して行使された。農民と市民と同じように、貴族が流血裁判権の下におかれることはなかった。このことは高級貴族に当てはまるが、最終的には、中世中期に形成された下級貴族にも当てはまった。

小貴族：専属的封臣と家人層

高級貴族が成立するとともに、小貴族が新たに形成されそして拡大した。封臣——小規模な土地領主で、戦時には有力者の従士となった——は、以前から存在していた。しかしカロリング時代後期以降にレーン関係が明らかに弛緩すると、フェーデが続発する時代の中で、領主は強固な結びつきを望むようになった。フランスにおいては、一一世紀半ば以降、特に「封建的アナーキー」によって脅かされていた聖界領主に勤務する者の中に、「専属的封臣」(homines ligii) と呼ばれる封臣が初めて現れた。彼らは全ての人に優先して自分の君主に無条件的な誠実を義務づけられている人々である。このような封臣がさらに別の君主とレーン関係にあったとしても、この無条件的な関係が他の全てのレーン関係に優先した。さまざまなレーン関係の混乱の中で、レーン義務が履行されないという現実的な脅威がこれによって克服され、実際役に立つ従軍者が新たに生み出された。直ちに世俗領主もこの専属的封臣 (Ligesse) を採り入れ、この専属的封臣はノルマンディを越えてイングランドまで広まった。フランスにおいては、カロリング時代から知られている封臣の「準奴隷的」(quasiservile) 地位が、完全に忘れ去られてはおらず、新たに生命を与えられたのだった。ドイツにおいては、たとえ封臣が下級の者であったにしても、封臣は完全自由であった。それ故ドイツでは専属的封臣によって結びつくことはできなかった。そのためドイツでは、家人層 (Ministerialität) という身分が現れたのである。この家人は非自由人であり、国王あるいは大身の領主に勤務し、宮廷あるいは大身の荘園の中で官吏、さらに戦士として仕えた。こうして一一世紀には、自由身分の封臣とともに、家人 (Ministeriale, Dienstmannen) の階層が現れた。彼らの勤務義務はその非自由性から生じているが、ただしその非自由性は、ずっと以前からもはや無権利ではなかった。家人は、ラント法的には非自由とみなされたにしても、彼らは自分たちが属している大身の聖俗の領主支配の複合体の中で、ゲノッセンシャフト的な団体を形成し、家人独自の権利を作り上げた。彼らは確かに戦士であり、場合によっては、自分で自分を守ることができ、自分の主人に対してさえ暴力に訴える完全戦士である。それ故、一二・一三世紀のラント平和運動は、確かにフェーデの権利を制限しその行使を厳格な規定の下におくことを達成したが、しかし原理的には、裁判での決闘権と同じように、フェーデの権利は生き続けたのである。

すでにここに上昇の兆しがあるが、このプロセスは一二世紀以降、自由身分の封臣、まず小身の封臣から始まりやがて大身の封臣が、家人層に明らかに参入することによって促進された。多くのドイツの領邦において、高級な家人が小身の「騎士と騎士見習、小姓」[4]（Ritter und Knappe, edler Knecht）から分かれ、残りの高級自由人とともに、一つの新しい貴族身分（Herrenstand）を形成した。古くからの非自由の特徴は、中世後期においてもまだときどき現れることがあるが、しかしながらこの広範な小貴族層は、その法的地位においてかなり大身の貴族に近づいたのである。他の文化においては、例えば旧ロシアにおいて、大身の領主すなわちボヤーレ[5]が「勤務すべき者」の地位に押し下げられたように、「禄」（Pfründe）を持った戦士層が君主の従属的な道具であり続けた一方で、ヨーロッパの貴族にあっては、確かに二分割（Herren und Ritter, Barone und Chevaliers, Lords und Gentry, Granden und Hidalgos）は持続していたが、しかし小貴族も支配権を持つ貴族であり、やがて身分制国家の中で、ラント法的に固有の権利を与えられた集団すなわち「等族」（Stand）として現れるのである。小身の騎士から国王にいたるまでの全ての階層を一様にとらえている騎士の理念と特定のエートスによって担われている騎士的＝宮廷的文化が、こうした上昇傾向をどれほど促進したのかについては、後の章でさらに検討することにしよう。中世中期において小貴族の数が増加したことは、開墾すなわち農耕地域がますます拡大したことを前提としている。ここで描写された農民＝貴族的世界の変動は、都市の成立と拡大という新しい要素と長い間並行して進行したのである。

八　都　市

古典古代のポリスと中世の市民共同体

古典古代の世界を規定していたのは、都市であった。都市は、農村領域の文化的・政治的・経済的な本拠地であり、その農村領域とともに都市国家を形成していた。しかしながら都市は、古代オリエントのように、都市君主の単なる支配の所在地ではなく、都市には市民すなわちデーモス（Demos）あるいはポプルス（Populus）が居住していたのである。しかしかかる都市民は、本質においては戦士的な支配層であり、土地を所有しそして農村を支配していた。都市とその領域は、不可分な統一体をなしていた。商工業は大いに栄えたが、しかし政治＝社会構造を決定的には規定していない。ローマ帝国もまた都市国家から生じ、原理的には都市領域から構成されていた。三世紀以降の交換経済の衰退、都市領域からのラティフンディウムの離脱、初期中世のゲルマン諸国における国制構造の根本的な変化、これらのことは境界領域を別として、確かに都市を消滅させることはなかったが、しかし都市は定住地や経済の中心地としては至る所で後退し、とりわけその政治的優位性を失ったのである。ゲルマン人は農民戦士であり、発展した都市を知らなかった。彼らは都市的な居住形態に少しずつ移行した。彼らの王国では、都市は重要な意義を有していなかった。都市領域はガウとなるか、あるいはその機能を変えた。しかしながら都市は、教会の組織にとっては重要であった。というのも都市は司教の所在地であり、そして都市領域はその司教区だからである。ヨーロッパ南部においては、都市はしばしば伯と都市に定住している貴族の所在地でもあった。しかし古典古代のような支配的地位を都市はもはや持たなかった。一〇および一一世紀以降、中世的なタイプの都市が出現したが、それは特権を付与された市民共同体であり、主に商人と手工業者によって担われていた。中世の都市は、農民＝貴族的農村とははっきりと異なっているが、しかし都市が従属的な農村領域を必ず支配するというわけではなかった。都市は政治的および軍事的機能を持っていたにもかかわらず、今や主に交換経済、手工業と商業によって規定された。市場経済の範囲と密度、その後退と再興隆は、これら数世紀の都市の地位にとって確かに重要ではあったが、しかしそれだけではなかった。このことを理解しようとするならば、政治＝社会構造の根本的な変化を視野に入れなければならない。

交換経済の変遷

古代末期に始まり民族移動期以降に推し進められた再農業化と交換経済の解体のプロセスは、カロリング時代の終わりまで続いた。この農業社会において、商業はただ副次的な意義を持つに過ぎず、手工業は荘園の中にそのほとんどが組み込まれていた。もちろん局地的な市場経済は、あらゆる農業社会と同様にここにおいても存在しており、また塩、金属や金属製品といった必要不可欠な品物を扱う遠隔地商業も同じように存在していた。確かにこれよりも規模の大きい贅沢品を扱う遠隔地商業は衰退したが、しかし消滅したわけではなかった。とりわけイタリアの港湾都市は、交換経済で大変に繁栄した東方、すなわちビザンツそして後にはさらにイスラーム諸国から、主に贅沢品を輸入しており、その購入者は聖俗の有力者たちであった。また、オリエントからロシアのいくつかの大河を超えてバルト海に達する商業路が一時的に重要であった。北ヨーロッパでは、たいていは奴隷、特に異教徒のスラブ人地域の奴隷が支払いに充てられていた。このような商業は、イタリアにおけるいくつかの例外を除いて、都市の大きさや役割にほとんど影響を及ぼさなかった。北海やバルト海の沿岸では、海峡からスウェーデン中部まで、八〜九世紀に商業地の列なりが成立したが、しかしこの中から中世的な都市へ発展したものはなかった。古いやり方の商業が長く続いたロシアでは状況は異なっていた。古くからの部族の本拠地と商業地が、独特なタイプの都市へと発展したが、それは西欧的なタイプとははっきりと異なっていた。ロシアおいては西欧的な意味の市民は存在しておらず、自律的に存在する市民共同体もなかった。都市は都市によって支配されている地域の中心地であった。大変に重要な一部の商人たちは、政治権力者に従属し、手工業は都市においては未熟であり、村の中にその中心があった。遠隔地商業の構造は、九〜一二世紀においては、西欧とロシアは大変に似ていたように思われる。都市の発展という点では、ロシアは当時西欧の北部地域――ここでは古典古代の都市文化が影響を及ぼしていないかあるいは消滅していた――を凌駕していたのである。

しかしながら西欧では根本的な変化が起こった。メロヴィング時代以降に始まった開墾は、農業地域とその地域的な市場交易の稠密化をもたらした。古くからの都市領域（キヴィタス）の中にそしてその側に、支配者の居所や修道院に、Burgi すなわち商人と手工業者の定住地が発生した。さらに遠隔地商業もその様相を変えた。扱う商品の量が増大しただけでなく、その商品構成が変化した。一〇世紀において、イタリアの港湾都市と東方の経済的に卓越している地域、すなわちビザンツとさらにイスラーム地域との取引が増大した。この地域に対して、西欧は十字軍以降、政治的にも影響を及ぼし始めた。この地域で以前とは異なる商品を売ることができたことが、売り上げの伸長を可能にした。決定的に重要なことは、輸出に従事する職業、特に北西ヨーロッパの織物業、さらにまた鉱業とも密接に関係する金属業が成立したことである。古いタイプの遠隔地商業は、限られた数の商品だけを扱い、また地域的な市場取引とはほんの緩やかに結びつくにすぎなかった。外国商人が支払いに使ったものは、手工業や地域経済に由来するものではなく、戦争（奴隷）、狩（毛皮製品）そして森（蜜蝋）に由来していた。取引のこのような重層性は、古典古代、ビザンツおよびイスラーム的東方における集約的な交換経済においても完全には克服されなかった。しかし西欧においては、織物、特に遠隔地商業においても主要な商品であった毛織物が、最終的に大量商品となった。遠隔地商業と地域的な市場取引が密接に結びついたのである。中世後期になるとはっきりと分かる結果から見るならば、一つの決定的に新しい端緒は、地中海の海上取引が強化されたことと一一世紀以降に北西ヨーロッパとりわけフランドルにおいて、輸出に従事する織物業がはっきりと成立したことである。

南ヨーロッパにおける市民共同体

この地域において中世的な市民共同体が形成された。南ヨーロッパ特にイタリアにおいて、都市は古代の機能の多くを維持していた。古代末期において防備を固めた都市は、ゴート人(1)そしてまたランゴバルト人(2)の王や大公にとって、その支配の拠点になった。それゆえ壁に囲まれた都市領域（キヴィタス）は、ランゴバルト人の法の中では高められた平和空間となり、都市的な生活が囲壁と都市平和の保護の中で続いたのだった。しかし「市民」（Civis）は、貴族と農民がラント法によって生活している農村と法的に区別された都市居住者にすぎなかった。確かに古典古代にみられた都市と農村の結びつきの残滓は生き続けていた。イタリアにおいては、南フランスと同様に、伯が定期的に都市に居住し、ここから農村（Land, Comitatus, Contado）を管理した。このため Contadino は、イタリア語で農民の名称となった。都市にはさらに司教が居住し、すでに古代後期から世俗の任務も持ち、そしてしだいに都市君主になった。「ポプルス」（Populus）もまた広く存在していた。ポプルスは軍隊および裁判共同体として一緒に行動し、この中からフランク的な雛形に倣って、審判人（Schöffe）が選出された。ここにおいて都市法が作られ、それはローマ法という長く続いている伝統に結びついていた。このプロセスは、国王が一〇世紀以降、居住民団体に与えた不輸不入権によって促進された。不輸不入権は全ての居住者とその家に与えられたので、ここでは居住地が市民権を作り出した。都市の中に定住する全ての人々は、自由とみなされた。このような都市の中に、古典古代と同様に、貴族的な土地保有者が指導的存在として現れた。彼らは早くから遠隔地商業（海上貿易）とその金融に関与し、そしてこの仕事によって豊かになった一族が、都市貴族へと成長した。確かにここでも商工業が指導的であったが、しかし南ヨーロッパでは、貴族はおおむね都市に居住し続けるか、あるいは都市がその支配を周辺の農村に広げた時、貴族は都市の中に移住することを強要されたのである。

南ヨーロッパの都市は、貴族＝農民的性格を持ち、一方北ヨーロッパにおいては、貴族＝農民的な農村と市民都市ははっきりと区別されていた。南ヨーロッパにおいては、貴族は都市に居住したとしても貴族的であり続け、一方北ヨーロッパにおいては、貴族は都市へ移住することによって市民になった。ただし荘園を手に入れた豊かな都市貴族は、ラント貴族になった。従って、南ヨーロッパの都市は、北ヨーロッパの都市のように、都市内部が平和になることはなかった。南ヨーロッパでは、貴族は防備を固めた塔のある家に住み、都市内においても貴族はフェーデで決着をつけた。しかしこのことは、遠隔地商業がますます活発になることを妨げることはなかった。豊かな商人とこの階層に上昇した手工業者は、都市貴族と緊密に結びつき、一つの階層に融合した。共同体の形成は、至る所で都市君主とりわけ司教の指揮の下で始まった。司教が周辺農村地域（コンタード）における伯の諸権利とそこに居住している貴族に対するレーン法上の諸権利を手に入れるようになって以降、司教は都市と農村を結びつけた。台頭してきた市民共同体が都市君主を撃退すると、すぐに都市の支配が周辺農村地域（コンタード）におよび、都市国家が誕生した。

従来は都市君主と市民共同体は共同で活動していたのではあるが、一一世紀以降、共同体的自治を目指す動きが現れる。都市貴族の指揮の下で、共同体的な生活に積極的に関与するグループが宣誓団体、コムーネ（Commune）へとまとまり、軍隊および裁判制度と財政を手中に収め、彼らによって選任された支配機関（Obrigkeit）、すなわち参事会員（Konsul, Rat）に管理させた。平和が高められなければならなかった。自律的、自治的に行動する共同体は、イタリアにおいては都市君主、特に司教に対して行動を起こしただけでなく、シュタウファー朝の皇帝の要求に対しても激しく抵抗し、周辺農村地域（コンタード）に対する支配権を獲得した。コンタードは、都市が支配する農村領域となった。村落における共同体的な運動を都市は弾圧した。都市貴族と遠隔地商人が、イタリア都市のイメージを規定している。輸出に従事するさまざまな手工業は、ここでは北部の雛形に応じて少しずつ形成されたのだった。

北ヨーロッパにおける市民共同体

アルプスおよびロワール川以北の状況は、都市が常に存在し、その意義と地位だけが政治＝社会構造の中で変化した南ヨーロッパとは異なっていた。ゲルマン人は都市を持たなかった。部族の中心地と避難城塞は、確かに都市の発端になり得るが、しかし後の都市の発展は、これらとは直接的には結びついていない。しかしガウの首長の手の中にあった避難城塞は、すでに高い平和の場所であり、「城塞法」(3)（Burgrecht）の下にあったと考えられる。かつてのローマ帝国の領土にあった都市（キヴィタス）は、その経済的機能を大幅に失った。しかし都市（キヴィタス）は実際には、その囲壁ゆえに、避難城塞になった。ここには司教が居住しており、このような都市（キヴィタス）のいくつかは、世俗の支配者の居住地にもなった。八世紀半ば以降、ライン右岸で司教区組織が建設されると、聖堂城塞(4)（Domburg）というタイプの都市（キヴィタス）が東に運ばれた。修道院と九世紀以降急速に増えた領主の城塞（Herrenburg）もまた類似した位置にあった。しかしそれらの中のほんのわずかだけが、都市になった。商人定住地である「ヴィク」（Wik）が、「城塞」（Burg）の方に近づいたが、さしあたってはまだ区別されていた。商人定住地が、特に大きな河川や遠隔地商業路が交差する場所で発達したことは偶然ではない。この数世紀の商人は、「遍歴商人」（Wanderhändler）であり、彼らは、その移動のためにゲノッセンシャフト的な結びつき（ハンザ）である隊商を組んだ。しかしこのような商人も、その移動の出発地として固定した居住地を持ち、冬にはそこにいる家族のもとに帰ることができた。この商人は人格的には自由であり、それゆえ国王権力の特別な保護を必要とした。この国王の保護は、最初は個々の商人に与えられたが、一〇世紀以降はヴィクに定住する商人の集団全体に与えられた。この商人の集団は「ギルド」、すなわちジッペの機能を引継ぎそして宗教的な起源の形態で活動する保護兄弟団（Schutzbrüderschaft）を結成した。国王のヴィクグラーフあるいはハンザグラーフ(5)が、商人を統轄した。ここでは商人法が発展した。支配的要素が優勢である「ブルク」とゲノッセンシャフト的に秩序づけられたヴィクは隣り合っていた。遠隔地商業に好都合な場所でのみ、保護を与えられた都市（キヴィタス）と城塞の近くにヴィクが成立した。有力者の宮廷と貴族の館も顧客として、このことに積極的な影響を与えたと思われる。商人のところで働いている手工業者が商人へと近づき、大きな荘園で働きその領主に従属している宮廷手工業者とは区別された。遠隔地商業に従事する商人とそこで働く手工業者は、「自由な都市経済」の地区、すなわち「ヴィク」（Wik）あるいは「ブルグス」（Burgus）として、キヴィタスあるいは城塞における政治＝軍事＝文化的中心とははっきりと区別されていた。しかしすぐに結合と浸透が起きたのである。

都市（キヴィタス）に対する支配権は、一般的には司教の、部分的には伯の手に渡った。商人定住地は壁で囲まれており、都市（キヴィタス）あるいは城塞と結びつけられた。さらに商人定住地は砦（Festung）にもなった。しかしその居住者は主に商人と手工業者であり、ここにはギルドと商人法が存在した。この商人法は商人だけを対象にしていた。流入者の増大、特に手工業者の流入により、誕生しつつある都市は商人ギルドを超える人口を抱えることになった。都市は都市君主の不輸不入権の空間の中で、隣人団体、定住共同体そして軍事および裁判共同体になった。ここでは商人の法と市場の法そして同時に高められた平和の法が有効であった。それは自力救済に対するアジールを与え、そして裁判手続きにおいて決闘権を排除した。都市の中で生活する人は、領主の拘束から自由である、あるいは一定期限後に自由となる。しかしこのような市民共同体はまだ都市君主の指揮の下にあった。従ってここでも最後の一歩は、市民共同体が自律的な行動をとって現れ、自ら「支配機関」を設置することである。この支配機関は、イタリアの雛形に倣って参事会（Rat）という形で現れた。確かにこのことは、一一～一三世紀に長く続いた対立の最終的な帰結であった。この対立は一部では平和的に行われたが、しかし一部では激しい戦いの中で行われた。その際、都市共同体はしばしば誓約団体（Coniuratio, Schwurverband）を結成した。この誓約団体は、宣誓によって一つの行為能力のある団体となり、都市君主に立ち向かうことができたのだった。

市民共同体の本質

結果は原則的にはどこでも同じである。都市共同体は、自らで自らを統治し、軍事、裁判、財政という重要な高権を自ら司る一つの組織体である。都市共同体は集団として都市君主に対峙し、誠実宣誓によって都市君主に結びつけられていた。この種の誠実関係が、厳格な結合と広範な政治的行動の自由の間で、どのくらいの幅を含んでいたのか、私たちは知っている。自律の程度は、都市の重要性と都市君主の強さに完全に左右されている。ヨーロッパの大部分において、都市は国王の都市支配権の下に置かれていた。ドイツの帝国都市――大都市の他に多くの大変に小さい都市もある――は、非常に広範な自律性をつかみ取ったが、このことはドイツの王権の衰退を前提としていた。聖界の領邦君主のいくつかの都市は、帝国都市と同等な自由「都市」となるか、あるいはその聖界と俗界の君主に対して、一部では一七世紀にいたるまで、広範な自律性を主張したのだった。この他には、諸侯都市が厳しい従属の中で常に存在していた。大部分の小都市は常に、国王、諸侯、貴族あるいは聖界の都市君主とその支配領域に結びつけられていたが、しかし程度の差こそあれ自律的な市民共同体として、支配領域の中では際だっていた。都市同盟やドイツのハンザのような現象は、ドイツの諸関係が緩やかであることを前提にしている。他の地域では、内部闘争の時のように、ほんの一時的に都市が強い政治的な行為能力を持つことができただけだった。しかし都市は至る所で、聖俗の荘園とともに、帝国等族や領邦等族の構成員として現れるのである。

門閥とツンフト

こうして都市共同体は中世の支配構造の中に組み込まれることになった。しかし都市共同体は、この支配構造の中では独特な性格を持つ特殊な組織である。都市共同体は「集団領主」(Seigneurie collective) であり、また防備を固めていたために、都市は高められた平和の空間を作ることができ、その中で「市民的」な生活を送ることができたのだった。商人と手工業者が都市共同体に決定的な影響を与えていた。確かに、下は圧倒的な農耕市民都市（Ackerbürgerstadt）にいたるまで、特に小都市において、農業的な要素がないわけではなかった。しばしば都市君主の家人である騎士も市民共同体に属していた。市民身分自体は最初から階層化されていた。手工業者に対して遠隔地商人が指導的な立場にあった。遠隔地商人は、商業から生じる財産の他に、都市の土地所有者として得る地代と都市の成長がもたらす土地の価格上昇から収益を得た。誓約団体の中で政治的に指導的な立場にあった遠隔地商人は、彼らだけが参事会員の資格を持つ都市貴族、門閥となった。しかしながら増大する大量の手工業者たちも、直ちにゲノッセンシャフト的なまとまりを持ったのである。

「ツンフト」は二つの根から由来している。まず一つは、都市君主の強制団体である。それは全般的な利害にかかわる手工業（食料品、武器）に対する監督のために作られたか、あるいは南ヨーロッパのように、国家がコントロールする強制団体になった古代の「組合（コレギア）」（Collegia）に由来するものである。もう一つは、ギルド（Zeche）の形態をとった自発的なまとまりである。しかしながらこの二つの団体の形態は相互に同化した。ギルドは、誓約団体（Einigung）を結成することによって、都市統治への参加を求めた。この対立の結果は、地域によって大いに異なっている。一部の地域では誓約団体は押さえ込まれたが、しかし手工業者に対して参事会員資格が与えられた。また他の地域では、門閥が自らの優位性を主張した所もあれば、あるいはツンフトによって駆逐された所もあった。最終的には妥協が図られた。ツンフトが政治的に認められた所では、ツンフトは手工業者および他の人々を含んだ市民共同体の下部組織になった。しかし大部分の都市民（ツンフトのような組織の有無にかかわらず）が、統治に参加することになった所でも、参事会と都市の諸々の官職は、法知識と政治的経験を持ち、そして必要な時間を使うことができる主として都市の上層の人々によって担われたのだった。この上層の人々は、所領の取得と姻戚関係を通じて、さらにそのエートスと教養世界を通じて、ラント貴族と親密な関係にあった。しかし区別はあり続けた。商業生活から手を引き、都市内外の土地所有に移った門閥は、都市から離れてラント貴族に変わるか、あるいは貧困化し、新たに台頭してきた一族によって押しのけられたのだった。防衛能力を持ちそして都市の中で積極的に政治的に活動する市民を、近代的な市民すなわち新しい意味でのブルジョワジーと同一視することはできないにしても、都市は自らで統治する市民の団体という自由な空間である。このような市民は、遠い地域に足を踏み入れそして大変に複雑な諸関係を克服することができる冒険心と進取の気性に富み、そして世俗的および宗教的な結合によってたいていは制御された営利心を抱いていた。ゲノッセンシャフト的な結びつきは、北ヨーロッパにおいては、イタリア人の個々の企業家よりもより強く作用していた。どれほど統治する上層の人々が自分を当局（Obrigkeit）であると思ったにしても、彼らはしかしながら共同体――この中で市民であることが自由の基礎である――の当局（Obrigkeit）であった。家権力を超えた直接的な支配関係は、市民と市民の間には存在せず、そのきざし（被護民 Muntmann）があった所でも、すぐに取り除かれたのだった。

都市類型

都市共同体の形成と都市の広がりは密接な関係にある。都市化の波は、特にもともとは都市がなかった北ヨーロッパと東ヨーロッパを襲った。この現象は、開墾と移民によって、この数世紀において農民の耕作地域が凝集化しそして拡大したことを前提としており、一部の地域、特に東ヨーロッパにおいては、このことは密接な関係にあった。全体に対する都市の住民の比率は、フランドルや北部および中部イタリア地域を除いて、たいていは一〇～一五%を超えることはなかった。この点において、都市は圧倒的に農民的な世界の中に浮ぶ島であった。都市化の程度は個々に大変にさまざまである。イタリアにあるような大都市、あるいは西ヨーロッパの首都（バルセロナ、パリ、ロンドン）にみるような大都市は例外であった。ドイツにおいては、二万から三万人規模のいくつかの都市は、すでに中世における大都市であり、北ヨーロッパと東ヨーロッパでは、このような規模には届かなかった。イングランドは、ロンドンの他には、この規模の都市はほんのわずかだけである。しかし「大きな」都市だけが重要なのではなく、地域的な販路の網の目を形成し、一つ一つではあまり重要ではないがしかし全体としては遠隔地商業に対して重要な役割をはたす中小都市の密度も重要である。この点においても密度の程度は大変にさまざまであり、例えば西ドイツと南ドイツでは、ニーダーザクセンよりも密度がかなり濃かった。輸出業、例えば織物業そして鉱業とそれに基づく金属業は、都市に限定されるのではなく、周辺の農村にも広がりそして完全な輸出手工業地帯を形成したのだった。

商業路、定期市、銀行、商館

フランドルとブラバントからライン・ローヌ地域を越えて南ドイツさらには北部および中部イタリアにいたる手工業が最も発達した地域は、最も集中的な経済発展を経験した中心地帯である。ここで生産された手工業製品は、この地域において販売されただけでなく、原料供給地として作用しているヨーロッパ周辺地域とさらにそれを超えてロシアにおいても販売された。これらの手工業製品は、オリエントやレバント地方にも運ばれ、そこからは熱帯や亜熱帯の産物（香辛料、製薬原料）、贅沢品と織物の重要な原料である綿花などの物品が運ばれてきた。このような取引は、河川と遠隔地商業路、さらに海上でも行われた。地中海はレバント地方との接続をもたらし、バルト海はスカンジナビア、バルト諸国とロシアを開拓した。地中海の航行は、最終的にはジブラルタル海峡を通って大西洋沿岸を進みフランドルに達した。ハンザの取引は最初から北海全域に及び、さらにフランドルを越えて南へ、フランスそしてイベリア半島に達した。ヨーロッパは陸と海の商業路の網に覆われ、その合流点で商品の流れが始まり、そして地中海沿岸と北ヨーロッパの間で交易が行われ、また手工業の中心地帯とヨーロッパの外部および周辺地帯との間で交易が行われたのだった。下は村の教会堂開基祭にいたるまでの多くの定期市と年市が、このような取引に利用された。計り知れない数の定期市と年市の中から、中心的な意義を持つ定期市の場所や市場都市が姿を現した。イタリアから北フランスおよびフランドルに向かう街道で、一二世紀中頃にシャンパーニュの四つの小さな都市で開催された定期市が、南ヨーロッパと北ヨーロッパの間の中心的な交易地帯へと発展した。一三〇〇年頃、指導的な織物業地域の中心として、さらに地中海からもまたバルト海からも海上で来ることができる場所として、ブリュージュが中世の世界市場となった。ブリュージュは一五〇〇年頃まで、その指導的な地位を維持したが、やがてアントウェルペンにその地位を譲った。ドイツとその東方の近隣地域に関しては、市場都市であるフランクフルト・アム・マインが同じ機能をはたし、一五世紀のフランスに関しては、リヨンがあてはまる。

これより下のランクの各地の定期市と市場は、まず第一に商品取引に従事し、そしてさらに貨幣および信用取引に従事する。この貨幣および信用取引は、何よりもまず商品取引から生じる債務の清算に取り組んだ。一二世紀以降増大したローマ教皇庁への大量の振替と君主の信用貸しの需要、その頂点には西ヨーロッパの国王の信用貸しの需要が、このことと結びついている。こうして徐々に重要な銀行業務が成立したが、それはいずれにせよ一六世紀に至るまで、商品取引としっかりと結びついていた。ここではまずイタリア人が指導的であった。このイタリアでまず法および経営形態が作り出され、それは将来に対して決定的な影響を与えた。固有の商法とさまざまな形の商事会社が成立し、これは商業に独特に従事する現象として、古典古代にもまた法的に大変に高い位置を占めたローマ人にも知られていなかった。貨幣の振替と金銭取引の手段である為替手形と簿記が生まれ、この簿記は、イタリアにおいて数世紀の経過の中で非常に完成度の高い複式簿記となった。それは最終的に正確な収益計算と資産計算を可能にした。全体としてますます文書主義が、今や定住し自分の商館で働く商人の業務管理の基礎となった。これらの全てのことは西欧の大部分において、数世紀の経過の中で初めて浸透し、そして北ヨーロッパと東ヨーロッパには、一六世紀以降に初めて達した。かかる発展は、一八世紀においてようやく完結する。こうして中世中期から工業化の時代の幕開けに至るまで、商人によって磨かれた技術が少しずつ洗練され改良されたのではあったが、一つの統一的な商人類型というものを確かに語ることができるのである。

手工業

同じことは手工業者にも当てはまる。というのは、手工業は例外なくツンフトの結合の中で、すなわち職人の数を制限された仕事場で営まれたからである。手で使う道具に比べて、機械はほんのわずかな意義を持ったに過ぎない。確かに、人間と動物以外の動力駆動としては、製粉機（水車と風車）があっただけである。中世の終わり頃、製粉機は鉱業において排水と通風のために大変重要になった。従って、鉱業を別として、大規模経営がなく、個々の手工業者の経済的自立性は一般に外見だけだった。輸出貿易の大量の需要に従事する手工業者は、最初は輸出業都市の中で、さらに手工業地帯の小都市や村においても、遠隔地商人に従属していた。遠隔地商人が原料を貸し出しそして製品を一定の値で買い取ることによって、遠隔地商人は手工業者に「前貸し」したのだった。ツンフトによって努力された親方の数の制限は、増大する職人が自分の所帯を持つことをもたらした。「前貸しされた」手工業の親方、既婚の職人そして鉱業に従事する労働者という集団は、少なくともその数が大きい所では、事実上賃金労働者の地位に近づいたのである。

都市の拡大の全プロセスと遠隔地商業と近隣市場関係の浸透という交換経済の諸関係の濃密化は、貨幣量とその回転速度を著しく高め、そして貨幣経済の領域を農民の家計に至るまで拡大した。都市は、その程度はさまざまであるが、それぞれの地域において荘園と農民の内部構造に影響を及ぼし、さらに国家・政治的組織形態の前提をも変えたのだった。

九　教会と世俗の対立の社会史的帰結

教会の自由をめぐる戦い

世俗の諸権力からの独立という古くからの西方教会固有の要求は、次のような事実、すなわち一つの教皇庁が多数の国家と対峙しているということ、皇帝がローマに入ることを望む場合、普遍的要求を掲げる皇帝は、イタリアに対する支配を毎回新たに獲得しなければならなかったということによって大いに促進された。さらに「教会の自由」(Libertas ecclesiae)——改革運動の際にその旗に書かれた——というキリスト教世界の世界指導が追求され、いやそれどころか、キリスト教世界に対する教皇の最高レーン高権という観念が示されて世俗の諸勢力との戦いが始められたことは、地域的な諸権力から構成される「封建国家」の目の粗い構造にとって大変に重要であった。この封建国家の中に教皇は同盟者を見つけたか、あるいは見つけることを期待することができ、一方同盟者は、自分の君主に対する戦いを合法的な抵抗と正当化することができたのだった。

一一世紀後半から一四世紀にまで続いた戦いは、妥協とともに終わった。教皇は、聖界の勢力として教皇領の中で独立した。教皇領を超える世俗の指導の要求は、ほんの一時的に主張されたに過ぎず、試みの域を超えて制度的な確定（シチリア、イングランドなどに対するレーン高権）に達することはできなかった。国王とドイツの領邦君主は、この教皇の要求に対抗して、神授王権（Gottesgnadentum）すなわち神から直接導いた宗教＝呪術的に基礎づけられた支配権力を独自に確保することを目指した。その際、彼らは古くからの形態に固執するか、あるいはそれに立ち帰ろうとつとめたが、しかし実際には新しい状況が生まれた。すなわち、聖界権力と世俗権力の混合と融合に代わって、併存そして一時的にはさらに対立という状況が生まれたのである。この二つの領域は以前よりもはっきりと区別されたが、しかしながら教会の宗教的分野から俗人の世俗的分野がはっきりと区別されるというわけではなかった。むしろ逆に、教会は世俗の中で広範で直接的な影響力を手に入れようと努め、そして世俗の秩序はキリスト教的な要求を直接実現するという要求を掲げるのだった。彼らは相互にその影響力の範囲を否定したのではなく、逆に相互に承認したが、しかし境界分野において重なり合ったのである。ここから争いと妥協が生じ、それらは結局は解決することができない対立を和解協定（Modus vivendi）によって折り合いをつけたのだった。西欧の歴史のこの基本的事実の帰結は、大変に多様である。

聖職者の変化した地位

中世中期の数世紀において、高級貴族がその支配を固め、そして一部は領邦の基礎を築いたことが知られている。下級貴族と都市が成立し、その重要性を増した。教会、とりわけ司教と修道院長は、その支配権と世俗の所領によって世俗の世界に組み入れられており、その所領なしには存在することはできなかった。しかしここにおいては、国王や諸侯の教会支配が有効であり、貴族の保護権力（Vögte）が教会領の中に深く入り込んでいた。下級教会は領主の私有教会支配の下にあった。

これら全てのことは、教会とりわけ全体教会の首長である教皇と世俗勢力の対立によって、かなり大きく変化した。その結果をここではごく簡潔にまとめてみよう。

下級教会に対する私有教会権は、徐々に教会保護および守護権関係に変更された。領主は、教会の聖職禄（Pfründe）の任命とその財産の保護権（Schutzobrigkeit）に対して決定的な影響力を持っていたが、しかし司教および合併された小教区[1]にあっては修道院が、任命に関与したのだった。この任命においては、高い教養と道徳が要求され得た。まさにこの任命という点で、聖職禄の集積や代理（Vikar）というさまざまな乱用が生じていたにもかかわらず、下級聖職者が社会階層として重要になった。以前から追求されていたが、改革の時代においてようやく達成された独身制が、聖職者を血縁的な結びつきからこれまでよりもはっきりと解放することに役立った。高位の教会のポストはもっぱら貴族出身の聖職者の手の中にあったので、独身制は確かに、聖界のポストが貴族あるいは諸侯の家門の勢力増大に役立つこと（このことは一八世紀の終わりに至るまで再三にわたって繰り返された）を妨げることはなかったが、しかしこうしたポストが、中世中期にいたるまでみられたように、事実上世襲されることを妨げたのである。いずれにせよ、独身制は聖職者が全体として世俗から明確に分離することを意味していた。さらに影響がひときわ大きかったことは、司教と修道院、すなわちそれらの支配権と領邦に対して行使されていた、国王の教会支配権および貴族の保護権が抑制され廃棄されたことであった。この中で残った権利は、支配者の一般的な保護権（Guardia universalis, Schirmvogtei）

である。この一般的な保護権は、確かに一八世紀にいたるまで「国家教会的」な政策の出発点でありそしてそれを法的に認める根拠になったが、しかしこの権利が「高位聖職者」[2]全体に適用されたことにより、彼らを世俗の領域の中で高級・下級貴族および都市と同じ水準に置くことになった。従って高位聖職者は、他の領主支配的あるいは共同体的組織体とともに、「身分制国家」の中で「身分」として現れたのである。「自由」の獲得、さまざまな直接的な支配の義務からの解放は、領主支配的な構造によって規定されている世俗においては、自立している上級聖職者の世俗的な領主権力の強化をもたらすことになった。「高位聖職者」は、教会においてのみならず、教会から区別される世俗においても「身分」（Status）を持つのである。

施設としての教会

教会は確かにこの数世紀においても聖職者と俗人を含んでおり、教会はキリストの神秘体[3]（Corpus Christi mysticum）であったが、しかし聖職者の教会すなわち施設としての教会[4]（Anstaltskirche）という性格が前面に現れる。教皇は最終的にその首位権の要求を押し通し、皇帝の上位に立つことを要求したが、東方教会との最終的な分裂を受け入れなければならなかった。教皇は教権統治的な秩序を打ち立てたのである。教皇は、諸国に対する要求を十分に押し通すことはできなかったが、しかし中央集権的な教会指導を押し通すことに成功した。この教会指導の道具となったのが、十分に発展した官庁組織であるローマ教皇庁であり、これは西欧において初めて完全に発達した中央官庁組織であった。全体教会はローマに方向付けられており、教皇は最高の立法、裁判、行政の高権を有していた。教皇のみが司教区と他の高位の教会職を作ることができ、そして最高の監督権を行使したのである。高位および下位の教会職の任命を教皇は、古くからの教会秩序に対して、そして頑なに抵抗を繰り返す世俗の権力者に対して、確かに完全に手中に収めることはできなかった。しかしながら教皇の介入は、この点においても大変に顕著であった。さまざまな権原を利用して、教皇庁は無数の個別ケースに介入したのである。教皇庁が常に勝利を収めたわけでは決してないが、しかしながら人々はこのような介入を常に覚悟しなければならず、さらにあらゆる重大なケースにおいて最終的にはローマ教皇庁に頼らなければならなかったという事実は、聖職者は最高の教会指導に結びつけられているということを繰り返し意識させたに違いなかった。社会史的にみるならば、このことは聖職者層全体の分離と自立を意味しているのである。

教皇庁の財庫主義

教皇庁の職務遂行とその財政高権の行使は、密接に結びついている。教会は、支配の要求が最も広範に及んだ時代においてさえ、それ自身としては軍隊を動かすことはなかった。ほぼ自立している都市国家と貴族の支配領域から構成されている大変に目の粗い教皇領が提供するものは、それほど重要ではなかった。それゆえ教皇庁の組織を維持するために、とりわけその拡張された政策のためには、発達した財政制度がますます重要であった。

若干の国々から支払われたレーン貢租(5)（Lehnszins）と教皇献金(6)（Peterspfennig）の他に、一三世紀にはとりわけ教会の所得から徴収される税、すなわち十字軍十分の一税(7)（Kreuzzugszehnt）――これは狭い意味での十字軍のためだけでなく、十字軍として宣言されたキリスト教世界内部における教皇の戦争のためにも要求された――が現れた。一三〇〇年以降、諸国の抵抗により、これらの徴収を断念しなければならなくなった後、教皇庁は、教皇庁に留保されていた教会職の任命における聖職禄取得納金(8)（Annaten）や叙階納付金(9)（Servitien）という教会献金（Abgaben）のシステムを発展させた。このことは、教皇庁の中央集権主義と財庫主義が相互に促進されるという結果をもたらした。このような支払いも改革公会議によって制限された後には、教皇領における教皇支配の強化とともに、贖宥制度（Ablaßwesen）といった他の財源が開発されたのである。いずれにせよ、この数世紀において常に、ローマあるいはアビニョンに向かって相当な額の金銭が流れ、この時点で教皇庁と結びついた勢力が現れた。教皇庁は西欧の指導的な財政強国となり、そして西欧全体にまたがる貨幣の流通網の中心となったのである。このような業務を展開するために、ヨーロッパの大部分にまたがる銀行取引が発展した。頂点に立つのはイタリア人、すなわちシエナとフィレンツェの人々である。もともとこの種の取引を行っていた両替商が、すぐに大規模な遠隔地商人によって押しのけられたことは、特徴的なことであり、彼ら遠隔地商人は、商品取引から生じるその債務を教皇の財政業務と結びつけることを心得ていたのである。教皇庁の財庫主義は、中央集権的な行政が初めて十分に発達した官僚制的な組織を維持するだけでなく、中世の交換経済の最高段階すなわち「初期資本主義的」な銀行業務を決定的に促進したのだった。私たちが中世中期以降、商品取引と金融業の結びつきの中で西欧全体を含む交換経済について語ることができるとしたら、教皇庁の財庫主義がこのことに大変に貢献している。このことを教皇庁は意識して行ったわけではないが、教皇庁はまさにここにおいて「近代的」な存在形態に道を開いたのだった。しかし教皇庁はこれによって、西欧を包摂する勢力という立場にとって、同時に教会の統一にとって命取りになった抵抗も明らかに呼び起こしたのである。

教会法

施設としての教会と教皇の中央集権主義と密接に結びついて、教会法と教会法学が成立した。教皇について、「教皇は全ての法をその心の中の小箱に持っている」（Omne ius in scrinio sui pectoris habet）と言うことができた時代において、教会法的な規範は、もはや神学的な思考と密接に結びつき続けていたわけではなかった。神学的な思考から切り離された教会法は、一つの独立した法体系となり、それは確かにその性格上、啓示（Offenbarung）と聖伝（Tradition）に結びつけられてはいたが、しかし「実定法」的な性格を受け入れる傾向にあった。教皇の立法と判決を通じて、教会法学者の体系的な研究を通じて、教会法は無矛盾性と法学的な明確性に達した。教会法は西欧全体において普遍的に有効であるという要求――抵抗がなかったわけではないが――が押し通され、教会法は自立した聖職者教会を示す最も明快な象徴となったのである。

　聖界の事柄においてだけでなく、政治的にもキリスト教世界の頂点に立つという要求、すなわち教会の支配領域を貴族への直接的な従属からはっきりと解放し、貴族の支配領域と広範に対等な関係に立つという要求を教皇庁が掲げたことは、改革の本来の傾向とは逆に、教会をはっきりと世俗の歯車の中に巻き込むことになった。「教会の自由」すなわち世俗の拘束からの解放は、必然的に、教会の世俗的な立場の強化をもたらすことになり、このことによって最初から世俗化という危険に晒されたのである。

　それゆえ、教会のこうした新たな世俗化に対して、早くから警告と抵抗が生じていたことは不思議ではない。このような懸念は、「清貧運動」の中に最も明確に表れている。多様な人間集団の中でそしてさまざまな動機から、支配と所有（Besitz）に対する教会の権利が否認され、教会は使徒の如く清貧であることが要求された。千年至福説（Chiliasmus）、すなわち世界の終わりに先立つ千年王国の始まりという伝統的な形態の中で、「聖霊」の新しい歴史的時代の告知（Verkündigung）が出現した。この数世紀において教会が支配と所有を放棄することが可能ではないこと、一二〇〇年頃にフィオーレのヨアキム[10]（Joachim von Fiore）が予想した「聖霊の教会」（Ecclesia spiritualis）、すなわち純粋な霊的教会（Geistkirche）は存在しないであろうということは、明確な証明を必要としなかった。それゆえ、清貧運動は始めから特別な集団に限定されており、この集団は、教会の承認を得なければ、分派（Sekte）になる運命であった。教会はその内部に清貧運動が活動する余地を作ろうと手を尽くし、ある程度の成果を残した。抑謙修道会[11]（Humiliaten）とベギン会[12]（Beginen）という俗人運動、さらに特に托鉢修道会[13]（Bettelorden）およびこの時点で再び特にフランシスコ会士[14]（Minoriten）が、教会の内部すなわち修道制の会則の中に活動の余地を作り出し、その中で清貧運動の要求に応じた純粋に宗教的な生活を営むことができたのである。しかしながら特徴的なことには、フランシスコ会自体の内部で清貧論争が再び起き、そしてフィオーレのヨアキムに倣って厳格な聖霊主義[15]（Spiritualismus）が定式化されたのだった。教皇庁と衝突した一～三の聖霊主義者（Spiritualen）が、世俗勢力（フランス王フィリップ四世、神聖ローマ皇帝ルートヴィヒ四世）の同盟者として、徹底的に世俗の立場を代弁する理論家や公法論者とともに現れたことは偶然ではない。

最終的には、ジョン・ウィクリフ（John Wyclif）がイングランドの特別な状況の下で、「福音書の法」（Lex evangelica）と世俗的統治を結合することを企て、そしてこの影響は、フス主義を経てトマス・ミュンツァー（Thomas Münzer）そして再洗礼派運動に及んだ。しかしながら世俗の分野は、教会と同様に、清貧運動によって決定的には規定されなかった。清貧運動の支持者の中で托鉢修道会に適合しなかった者、あるいは神秘思想（Mystik）の中に個人的な宗教経験を見いだした者は、それゆえ教会から追われた分派の中へ押しやられたのだった。清貧運動から生じたヴァルド派(16)（Waldenser）も、バルカン半島からボゴミル派(17)（Bogomilen）を介してグノーシス派(18)の影響を受けたカタリ派(19)（Katharer）も、他の小集団とともにこれに該当する。大衆運動としては、これらは異端迫害と托鉢修道会の伝道活動によって克服され、ただ小さな常に危険に脅かされる集団として、都市の下層と農村において存在し続けた。近世の数世紀において初めて、類似の分派のタイプが、特にアングロサクソンの世界において、広い勢力範囲を獲得した。私たちとの関連において重要なことは、これらの全ての宗教的潮流と集団において厳格な聖霊主義の傾向が保持されたことである。「聖霊」から成る生という傾向、それは「改革」や「教会の自由」をめぐる争いの中に根を持ち、そして「教会の自由」を徹底的に最後まで推し進めようとするものだった。この種のあらゆる運動は、脇に押しのけられたりあるいは自ら世俗に溺れ、世俗の道具となる危険に晒されていた。それゆえこの数世紀においても、別の方法で世俗と対決しようとする教会の精神生活が生まれたのである。

精神的生活の成層

中世中期における教会と世俗の対立の結果は、もちろん近代的な意味における両者の分離などというわけではなかった。むしろ今や自立し世俗勢力から独立する教会自身は、大変に激しく世俗に干渉し、これに対して俗人世界は、たとえ自分たちの世界が「神に直接つらなる」ものであろうとも、自分たちの世界を一つのキリスト教的な世界として作り上げようとする傾向を打ち出したのだった。このような状況から聖職者の精神世界が生まれ、これまでよりもはるかに積極的に世俗とその「本性」（Natura）を包含しようと試みたのだった。この聖職者の精神世界とは別に、騎士的＝宮廷的文化があり、この中にキリスト教的な俗人世界が現れている。

主に司教座聖堂附属学校と修道院附属学校が、さらに痕跡においては南ヨーロッパの都市の俗人たちが担い続けた古典古代の教養の遺産は、七自由科の授業科目の中に含まれていた。ボエティウスの『哲学の慰め』[20]（Trost der Philosophie）は、古典古代の形而学的一神論の概要を伝えており、そしてボエティウスの翻訳によるアリストテレスの論理学の著作は、古典古代の論理学の基礎を伝えている。これら全ては、教父の神学的・哲学的思考である教父学（Patristik）

という巨大な遺産を習得するための基礎でありそして道具であった。これらの遺産を保持し、広く伝えそして内面的に習得することが、主に八～一一世紀の業績であった。アングロサクソン語やドイツ語といったこの時代の民衆語の文学もまた、この目標に大いに貢献した。これとは別に、文字で示されない民族固有の精神生活が、古典古代の遺産とは関係なく存在しており、それについてはほんの断片のみが文学的な形の中で私たちに知らされているだけである。ここでは二つの精神世界が併存していたのである。

スコラ学

改革と教会闘争の時代以降、このような状況は乗り越えられた。伝統的な神学的・哲学的思想は、闘争の時代の中でその自明の権威を揺るがされ、そして敵対する立場の人々に有利なように持ち出された。それゆえ、この伝統的な神学的・哲学的思想を体系化し、論理的に矛盾の無いように作り上げる必要が生じた。このためには、より厳密な論理学的な訓練が必要であった。ここにおいて「スコラ学的方法」が形成されたのである。その際、西欧においてよく知られていたアリストテレスの論理学の著作が利用された。さらにまた、係争問題に明白な判決を下そうとする、この当時同じく神学からはっきりと区別されていた教会法学の訴訟的な手続きも影響を及ぼしている。こうしてスコラ学的方法の助けを借りて、神学の合理的な研究が生まれたのである。その際、古典古代の論理学を用いざるを得なかったために、その背景にある「形而上学的一神論」が再び取り上げられることになった。早い段階で、ここに内在している聖書の神と哲学の神の間の緊張関係が認識され、信仰の合理的論証に対して異論が唱えられた。神秘主義という直接的な信仰体験が、この信仰の合理的論証に対立した。教父学的な遺産、アウグスティヌスや新プラトン主義が捨てられることはなかった。しかしながらここにおいて、信仰と知識の問題、啓示と理性の問題が提起され、もはや議論がやむことはなかった。一一〇〇年以後の新しい状況の中で、人々はもはや神学の分野で満足することはできなかった。学問の完成した体系を内に含んでいる「哲学」の中で、世界を理解しようとする欲求が生まれたのだった。人間外の自然の教義としての「自然学」、人間と社会の教義としての「倫理学」、そしてこの二つの上にそびえる「形而上学」という三つの体系の中で、今やかかる哲学を提供したのは、アリストテレスの著作であった。こうしてアリストテレスの受容に至った。一一五〇年以降、アリストテレスの著作はアラビア語から、一三世紀においては直接ギリシア語から翻訳された。盛期スコラ学、特にトマス・フォン・アクィナス(21)は、この基礎の上に哲学と神学の一つの完全な体系を発展させることに成功した。これ以前と以後のキリスト教的思考とは異なり、意志ではなく、古典古代の意味における知性が、形而上学の中心概念とされたことは明らかである。このようにして少なくとも信仰と学問の対立が当面取り除かれ、俗界（Welt）と天界（Überwelt）、哲学と神学という段階構造が築かれたのだった。これにより「俗界」（Welt）とその「本性」（Natura）は、聖職者の思考の中では、独自の場所を与えられたが、しかしながらそれは常に超自然に向けられていた。哲学とその中に含まれている学問が独立していることは、理性と啓示の対立が再燃するやいなや、一層はっきりと明らかになった。「理性」、すなわち啓示と超自然の領域に到達することのない理性という領域がここに現れ、この中に近代の世俗化した学問の決定的な発端がある。信仰と知識の分離を実現しようとする急進的な試みが一三世紀に生じた。この傾向の中で最も急進的だった「ラテン・アヴェロエス派」(22)は、アラブの哲学者アヴェロエスの自然主義的なアリストテレス解釈を引き継ぎ、この当時の思想のもう一派である聖霊主義と厳しく対峙した。フランス王フィリップ四世の国法学者および一時的に神聖ローマ皇帝ルートヴィヒ四世に仕えていたパドアのマルシリウス(23)は、このラテン・アヴェロエス派の影響を受けていた。啓示された信仰の領域から学問の領域をはっきりと分離することは、後期スコラ学の唯名論の中にも現れている。しかしながらこの新しい道の他に、トマス主義的な古い道も存在しており、この古い道は中世末頃に再び勢いを増す。こうした傾向の中に含まれる二律背反は、既存の基礎の上では解決不能であることが明らかになる。

しかしながら本書との関連において、スコラ学の分野の中で、超自然に向けて秩序づけられてはいるが、しかし自立した思考が可能であるということは、少なからず重要である。この自立した思考は、個別的人間の学としての倫理学の古典古代以来の伝統的な三つの領域、すなわち、狭義の倫理学あるいは修道学、家とその中に住む人間に対する家権力についての学としての家政学、古代のポリスをモデルにして作られた国家についての学としての政治学、を受け継いでいる。この全ての分野においては、「美徳」（Virtus）が中心概念であり、この美徳の中に古典古代の形而上学的一神論にとって中心的なイデーである善が実現されている。美徳は、支配する能力、統治する能力として現れ、個々の人間にあっては、理性が衝動を支配し、家父がその家構成員を統治し、君主あるいは為政者が国家を統治する。従って、人間と社会についてのこれらの学は、常に美徳の学である。しかし美徳が善というイデーに関する「知識」（Wissen）であるならば、「真の存在」（Wahres Sein）と「最高善」（höchstes Gut）は一つであり、同じものである。それゆえ、政治学は美徳の学となるのである。一一五〇年以降、中世中期および後期の諸侯鑑の雛形が現れる。それは主に聖職者の作であり、これら聖職者は聖界の教養の領域に属しているが、しかし同時に、宮廷の「礼拝堂」（Kapelle）と書記局に勤めている。世俗に影響力を与え、「騎士的」な聖職者のタイプがここに現れるのである。このことはすでに世俗的な精神世界の領域を指し示している。

大学

この世俗の精神世界の領域に言及する前に、この精神世界の中で社会史的にも大変に重要な組織形態である西欧の大学に触れなければならない。大学もまた独特な方式で、二つの領域に関係している。大学はすでに叙述されたさまざまな前提から、一二世紀以降に成立した。その基礎は、七学芸科(24)（Artistenfakultät）である。ここでは古典古代から受け継いだ科目（Artes）が、哲学の学問分野と結びついた。その他には神学、法学そして医学という学問分野があった。法学部では、教会法が扱われるとともに、ますますローマ法が扱われるようになった。法の分野においても、私たちが後で見るように、教会的秩序と世俗的秩序という二元主義が現れる。そのため大学は、組織的にも半分は聖界、半分は俗界という独特な二重構造をとった。団体として世俗勢力によって設立された大学は、完全な大学として神学部を持つ必要がある場合には、教皇の認可を必要とした。このような大学の方法と独特な業績は、「スコラ学」であり、哲学、特にアリストテレス哲学および神学、ローマ法、教会法と古代の医学の合理的な徹底研究と習得であった。実用的な知識の他に、大学において大いに論理的な訓練が行われ、それは実践においても有効であった。ここに「アカデミカー」（Akademiker）、合理的な訓練を受けた後の時代の専門家の発端があるが、しかしそれはさしあたってはまだ社会的な特別な集団ではなかった。七学芸科の上に進まず、例えば教師になるようなかなり多くの人々を除けば、大学からは聖職者、すなわちかなりスコラ学的教養のある神学者と教会法学者が輩出され、また俗人、すなわち数の上ではわずかな「自然学者」（Buchärzte）の他に都市民出身の法学者が輩出されたのだった。このような俗人はイタリアにおいて昔から存在しており、一三〇〇年から「法律家」（Legist）は、西ヨーロッパの宮廷で、一五世紀には中欧において諸侯の宮廷や都市の統治において重要性を増した。長い間、大学の卒業者の中では聖職者が優位を占めていた。彼らの社会的地位は教会ヒエラルヒーにおけるその地位によって規定されており、彼らは「アカデミカー」という自立的な層を形成することはなかった。むしろこの方向における最初の発端を医者と特に法学者に見ることができる。しかし特徴的なことは、確かにほんの一部の人が取得したに過ぎなかった博士号によって、大学での勉学が完全に修了すると、貴族と同等に扱われたということである。俗人世界はまさに、その支配の構造によって決定的に規定されるとともに、貴族によって決定的に規定されていた。それゆえ、なお数百年間にわたって、都市民出身の「法律家」と「枢密顧問官」は、貴族へと移行したのである。彼らは君主によってのみ貴族に列せられるのではなく、土地領主権の取得および古い家門と姻戚関係を結ぶことによって、「市民的」な収入を放棄する都市貴族と同じように、ラント貴族の中に入っていくのである。

一〇　騎士的＝宮廷的文化

キリスト教的騎士

すでに述べた世俗の精神世界の前提条件として特にあげるべきことは、貴族が一貫したエートスとそれに相応しい教養世界に組み込まれたということである。この教養世界は、出自、法的・政治的および経済的地位によって大変に多様な階層からなる全ての貴族に、同志としての意識と一貫した行動様式を与えるものであった。このエートスは、国王および諸侯から高級貴族、そして下は下級貴族にいたるまでの貴族に当てはまる「キリスト教的騎士」（Miles Christianus）の規範である。ここにおいては、確かにさまざまな由来の要素が相互に結びついていた。すなわち、ゲルマン起源の戦士階層および法生活と緊密に結びついている名誉の観念、古典古代およびキリスト教に由来するエートス、イスラームの文化世界からの刺激が、ここにおいて融合していた。キリスト教は、西欧においては上から浸透し、君主から高級貴族そして下級貴族へと広がった。外面的な普及に当てはまることは、また内面的な同化にも当てはまる。一〇・一一世紀の大変に弛緩していたフランク王国の封建世界の中で、教会は貴族の行為に直接影響力を及ぼすことを企てた。貴族は、はてしなく繰り返されるフェーデの中で疲弊していた。このフェーデは結局のところ、キリスト教以前の法観念に起因しており、世俗の領主の保護に頼らざるを得ない教会の存在を脅かすものだった。そのため教会は、「神の平和」(1)(Gottesfrieden)によるフェーデの制限という考えを貴族に示した。この努力は持続的な成果にはいたらなかったが、しかし一一〇〇年以降のラント平和運動に影響を及ぼした。この時代、教皇庁はキリスト教世界における指揮権を掲げ、スペインからシリアにいたる十字軍において、貴族に対して直接目標を設定した。ここにおいて戦いは、キリスト教的任務となり、そしてこの任務は、貴族の冒険欲や征服欲と融合した。人々が切望する富と権力が道徳的に適った行為、すなわち神のためのそして神と一緒の戦いに対する報酬として現れる。これによって政治的および軍事的行為が、ある程度までキリスト教化されるだけでなく、さらにこの世の事柄が、罪責(Sündhaftigkeit)の観点から自然の秩序の観点へとはっきりと移動するのである。こうしである種の「キリスト教的」な世俗文化が成立し、それは西欧以外では形作られることがないものであった。しかし聖俗の勢力の格闘の中で、教皇庁の指揮権が十分に浸透することができず、二つの世界の併存と対立が固定化したために、俗人の精神文化は聖職者の精神文化から際だち、固有の生命力を獲得した。このことはヨーロッパの社会史および精神史の基本的事実である。二つの世界はキリスト教的であり、力点が異なって割り振られていたにせよ、存在の全体すなわち自然と超自然を含んでいる。

このキリスト教的俗人文化は、「騎士的＝宮廷的」文化であり、君主と貴族の相互の関連の中で、彼らの宮廷によって担われていた。「キリスト教的騎士」というイデーは、全ての貴族の階層が手に入れることができる騎士の称号の中に現れており、この騎士の称号は、古い刀礼(Schwertleite)に取って代わった騎士叙任式(2)(Ritterschlag)によって取得された。このイデーの中心になったのは、戦争のエートスと全ての領主の中心的な任務である服従している者の保護、とりわけ弱者の保護である。戦争のエートスは、キリスト教的な主要美徳と結びつき、身分の理想すなわち義務を負った人間像となる。主要美徳、具体的に言うと、勇気、正義、叡智そして節度は、古典古代の貴族世界の遺産である。ギリシアのポリスの中で古典古代の貴族制的基礎から形成された主要美徳は、ローマの貴族によって受け継がれ、そしてローマ教会の中で神学的な美徳に従属した世俗における生活のための倫理として受け入れられた。主要美徳はキリスト教の教義を通じて一般に広められたが、農村や都市に住む多くの住民よりも、貴族層の中で生き生きと受け入れられたのだった。このエートスを最もはっきりと示しているのが、民衆語で書かれた騎士的＝宮廷的文学である。この文学は、国民ごとに異なる精神文化の決定的な萌芽となる。この文学はまた宮廷の祝祭、馬上試合（Turnier）そしてミンネディーンスト（Minnedienst）[3]と密接な関係にあるが、しかしこの文学の中で直ちに、完全にキリスト教的な俗人世界という存在形態を求める強く張りつめた要求と生活の実態の間に横たわっている矛盾も明らかになる。このことは、形式の過度の要求、冒険そして空想すなわち「ロマネスク」（Romaneske）[4]への逃避の傾向を帯びた文学の中にすぐに現れている。「世界」（Welt）が、宮廷＝騎士的社会と同一視されるのである。

都市と農民に対する関係

ここで形成された振る舞いと精神世界は、確かに都市上層である都市貴族にも広がったが、しかしさしあたってはそれほど深く浸透しなかった。数の上では他の住民集団を遥かに凌駕している農民は、支配の対象であり、伝統的な生活形態の中で生き続け、騎士的＝宮廷的文学の中では、まさに宮廷的なものの対極の世界として現れた。このことはもちろん農民の日常と不断の労働――その意義を隷属農民の領主である貴族は確かに理解していた――ではなく、時々見られる豊穣の呪術に由来する激しい振る舞い――これは農民の祝祭、ダンスとゲームの中に現れ、その激情的な性質という点において、宮廷からはただグロテスクで粗野な対極物とみなされ得る――にある。農民の日常は、貴族のそして後には都市民の文学の中にも入り込む。なぜなら、貴族自身の精神世界が「世界」（Welt）を完全に把握することができず、その対極物を必要としたからであり、人々は騎士的＝宮廷的な世界に限界があることを自覚するようになったためである。

すでに見てきたように、農民と都市民の世界は独特な労働エートスによって、決定的に規定されていた。ただ都市上層である都市貴族が、騎士的＝宮廷的文化に強く触れていたにすぎなかった。信頼性の高い信用主義の形成などの個々の事例において、確かに貴族の高められた名誉観念が、都市民の経済的エートスにも影響を及ぼしていた。またそのほかの点でもここかしこで、貴族の生活形態や振る舞いが、下の階層に影響を及ぼしていることを考慮に入れなければならない。しかし全体としては、騎士的、「宮廷的」そして儀礼的な世界は、貴族の世界に限定され、そして数百年にわたって生き続け、西欧の文化の一つの重要な要素になったのである。

互いに多くの点では関係し合いそして影響し合いながら、しかし主だった点では分離している聖職者と俗人の二つの精神世界の覚醒は、一二・一三世紀以降明らかとなる。この覚醒は、「精神史的」事実のみならず、社会史的事実においても重要である。なぜなら、ヨーロッパにおいて貴族が意味していることを、そのエートスと教養世界を知る時にのみ、理解することができるからである。このエートスと教養世界は、貴族の範囲を大きく超えて、道徳的な振る舞いそして精神的な生活の基礎となった。しかし近代の世俗化のプロセスの発端として、教会と世俗の分化はそれに劣らず重要である。しかしながらここで素描した状況の意義は、中世中期以降の国家＝政治的秩序の変化を考察する時に初めて明らかになるのである。

一一　官職国家と身分制国家

保護および平和の任務

中世中期以降、「国家」（Staat）は教会から区別された完全に世俗的な組織として現れた。国家と国制の進展は、この状況によって決定的に影響を受けたが、しかしここにおいてもこの状況を作り出した古くからの事情が作用し続けていたのである。私たちはこの問題を君主の中心的な機能である平和と法の保護から始めるべきである。局地的な領主支配圏が形成されて、古くからある国王の行政管区に浸透し、その管区とともに一つの新しい単位へと融合すればするほど、君主の任務はますます困難となった。それ故、君主がこのような新しい種類の局地的な領域をどの程度手中に収めるかということが何より重要であった。しかし貴族あるいは教会の手に渡ったものは、君主の処分権から広範に奪われたままであった。このような時代においては、レーン制は必ずしも役に立たなかった。ノルマン人諸国および一二世紀以降のフランスのように、レーン制が国王支配を強化する合法的手段となった所では、すでに他の原因から生じていた王権の権力上昇が、このことの前提となったのである。レーン制に由来する従軍でさえも、狭く限定されていて全く不十分であり、ラント法的な召集もまた同様に、防衛のみに制限されていた。従って一二世紀以降、傭兵――中世後期において、たいていはまず騎士的な傭兵騎士として下級貴族から生じた――が現れるのは偶然ではなく、それはますます重要となった。このためには相当な額の資金が必要であり、この資金を都市や交換経済の発展と拡大から確かに手に入れることができるが、しかしそれらを掌握するためには、行政装置を十分に発達させることと局地的な諸権力との関係を再編することが必要であった。「レーン制国家」(これはちなみに至る所で浸透したわけではなかった)に代わって、行政および身分制国家(Verwaltungs-und Ständestaat)が現れるのである。

ラント、ラント共同体、領邦国家

　ここにおいては相変わらず自力救済（Eigenmacht, Selbsthilfe）が有効であり、いやそれどころか、十分に発展した領主支配圏や領邦の世界の中で、フェーデはいっそう大きな政治的意義さえ持ったのである。荘園の農民および都市の市民の中では、高められた平和が達成されている一方で、フェーデはその大部分が、諸侯、貴族さらにまた都市共同体が行う貴族間のフェーデ、「騎士フェーデ」であった。この点において支配の重層性ということを指摘することができる。土地領主権と裁判支配権の分野もしくは領邦のラント裁判所、行政管区の分野の中では、農民に対する直接的な支配が行われた。都市もまたこれと同じレベルにある。確かに自律的な都市共同体（まれに農民の農村共同体についてもこのことは当てはまる）は自治を行ったが、その都市支配権は総体的には都市にのみ適用された。これらの上に貴族のラント共同体（Landesgemeinde）がそびえ立ち、これは裁判共同体として現れ、この中においては、聖界の土地領主（高位聖職者）と都市共同体も、貴族の土地領主と同じ側に立ったのである。[1] ラント（フランス語 pays）は、ここでは一つの世俗の単位を意味しており、これは特定のラント法を持ち、あるいは形成し、そしてラント支配権がこれに対して行使されたのである。

レーン法的関係ではなく、ラント法的関係が共同意識にとって重要である。レーン法はラント法に組み込まれ、他のものとともに一つの占有形態になり下がった。このような意味における「ラント」は、一人の領邦君主の領邦と一致している。しかし領邦は、複数のラントの上にも存立し、それらは時の経つうちに一つの新しいラントに融合することもあれば、あるいはまたずっと独立したままの場合もあった。しかしまた農民のラント裁判所の複合体、それどころか単なる下級裁判管区の複合体であるようなラントも存在する。ここにおいて明らかなことは、領邦やラントの構造を理解するためには、さまざまな支配領域の間の具体的な関係を確認することが重要であるということである。ここで問題なのは、領邦君主が農民の行政管区を直接手中に収めているのか、それとも局地的な領域を持つ土地領主が優位にあるのかどうか、また荘園の荘民がその領主に隷属しているのか、それとも借地関係によってのみ結びつけられている荘民が、租税や従軍のようなさまざまな事柄において、領邦君主の行政管区の指揮下にあるのかどうか、ということである。いずれにせよ、ここにおいてあり得る可能性としては、領邦君主がそのラントにおいて、状況によってはほとんど全てのラントを包含するような地方行政組織を作り、その結果、自律的な領主支配圏と都市が、小さな島のようにその中に散在するという可能性である。しかし私たちはまた、諸侯の「直轄地」が、局地的な領主支配圏の間に散在するにすぎないという逆の場合も知っている。ドイツ南部と西部において、領邦君主にレーン法的に従属している貴族が、そのラント支配権から逃れて「帝国騎士」になるという領邦も存在している。貴族的なラント共同体を支配する領邦君主は、特に軍事的な理由から、局地的な拠点（ブルク）を必要とした。なぜならば、君主の不正な行為に抵抗するために騎士フェーデが行われている貴族の世界では、領邦君主は、この拠点によってのみ太刀打ちすることができ、そしてラント平和を守ることができたからである。ラント平和運動が行われた中世中期以降、ラント平和は、騎士フェーデを秩序づける法規定を遵守することであったが、しかしまたフェーデを可能な限り制限し、実際に排除し、そして裁判に取って代わるという永続的な企てでもあった。平和と法の守護は、明白な不正が生じた場合、領主と臣民の関係に介入する可能性を力の強い君主に与えたのである。ここに保護権力を拡大する端緒があり、この保護権力は状況によってはますます拡大することができ、そして「近代的な」国家への決定的な端緒となるのである。

領邦君主の行政管区のレベルにおいて地方行政が生まれ、貴族的な「ラント」のレベルにおいて、あるいはこのようなラントからなる領邦国家あるいは王国のレベルにおいて、新しいタイプの中央行政が生まれる。しかしラントおよび王国の局地的な権力者たちは、「等族」(Stände)でもあった。この点において、諸侯がおかれていた支配の立場と同じことが、原理的には国王にも当てはまる。平和と法を守ること、そして王の手中にあるラントとその行政管区に対して直接的な支配を築きそして拡大することが、国王にとっても重要である。

官職国家と身分制国家

一二世紀以降、この点において次第に現れ始めたことは、その後数世紀におけるヨーロッパの内部構造の基礎となった。国家・政治的生活にとって、そしてまた現代にいたるまでのヨーロッパの社会構造にとって決定的な二つの現象、すなわち、特殊近代的な意味における「国家」の十分に組織化された官僚制的行政装置と「代議制的」な性格を持つ議会(Volksvertretung)という二つの現象は、その後根本的な歴史的変化を経験するが、この時代に根を下ろしたのだった。前ヨーロッパ、そして非ヨーロッパ文化は、純粋な代議制も、また下の方までしっかりと把握するヨーロッパ型の行政装置も知らず、古い政治的形態(部族、都市国家、宗教共同体)をほとんど変化させずに存続させた、たいていは大変に広く行き渡った軍事および租税徴収装置を知っているだけであった。これに対してヨーロッパの行政国家は、最終的には、局地的な特殊形態を取り除き、新しい意味において「国民」となる均一な国家市民（Staatsbürgerschaft）を作り出した。しかし議会は、地方権力者の上に構築された「身分制」的な体制を再編成したものに由来しており、この体制の中では、古い種類の国民が長い間支配身分秩序の中に現れていた。この身分制的秩序の重要な担い手は、長い間貴族であり、貴族はその民衆語で結びつけられた騎士的＝宮廷的文化の中で、同時にまた、国民の精神生活を規定したのだった。しかし重要なことは、官職国家および身分制国家への歩みそしてまた近代的国家への歩みが、どのレベルで実現したのかということである。この点において、古いタイプの国王の行政管区が封建化されなかったヨーロッパの周辺地域とかつてのカロリング帝国の領域と一致する中核地域（O・ヒンツェ）とに分けることができる。この中核地域の中ではさらに、王権が勝利を収めたフランスは、領邦国家が近代国家への決定的な一歩を成し遂げたドイツそして都市国家がそうであったイタリアとは、全く異なった道を歩んだのである。

フランス

小さな「王領地」（Domaine du roi）からフランス全土に実際の支配を拡大するために、フランス王が歩んだ道のりは、大変に多様であった（最高レーン高権、裁判権）。しかしながら、一二世紀から一六世紀に及ぶ長く続いた格闘の中で、フランス王がレーン諸侯領自体を手中に収め、それを長く保持することに成功したことは重要であった。反動、とりわけ王家の分家に親王領(2)を与えることによる反動がなかったわけではない。この基礎の上に成立したブルゴーニュ公国(3)（der burgundisch-niederländische Staat）は、ここにおいてどのような危機が迫りえたのか、そして大きな政略がいかに入り込んだのかをはっきりと示している。全ての事象は、たいていは外交によって規定された。個々のレーン諸侯領の帰属のみならず、外国勢力の手の中にある、あるいはそれと結びついている諸侯の手の中にある地域に対して、国王がレーン高権および裁判権を行使することは、戦争という方法によってのみ可能であったのである。

ドイツとイタリア

同じことはドイツに関しても当てはまる。選挙要素の浸透は、古くからの血統権を確かに原理的には克服したが、しかし実際には、王朝的な継承が繰り返し行われ、継続的な国王政策を可能にした。ただしこの国王政策は、家門政策であった。一二〇〇年頃に諸侯によって押し通された授封強制が、復帰したレーンを一年と一日以内に再び与えることを国王に強制したのであるが、しかしよく知られているように、国王はこの復帰したレーンを国王の家門にもたらすことができた。しかしながらハプスブルク家やルクセンブルク家といった王家は、その最初の段階を超えることはなかった。このことについては、ドイツがヨーロッパの中央に位置していることと関連づけて考えるべきである。フランス王の外交政策は同時にまた、たいていはフランスに対する王の支配権を巡る戦いでもあった一方で、中世後期のドイツの王家は、家領という限られた領分を超えることはなかった。同時にまた、ドイツの王家はまず最初は東方（ハンガリー）、次に西方（ブルグント＝ネーデルラント）において、帝国の境界を越えて踏み出そうと努めた。その際、この政策は確かに「皇帝政策」であるが、しかしもはや古い意味での帝国政策ではない。「皇帝と帝国」というかつては一つのまとまりを意味していた古くからの定型句は、皇帝と帝国等族という互いに関連してはいるがしかし明らかに区別される二つの勢力圏の対立を表現するものになった。「近代的な」国家の形成の発端は、ドイツでは従って、領邦において実現するのである。

北・中部イタリアにおいては、都市国家が農村に対する支配権を手に入れ、都市内にラント貴族を引き入れた。指導的都市はさらに、近隣の都市領域に対する上級支配権も獲得した。このことは都市国家の同盟に対する指導的都市のヘゲモニーをもたらすことになる。「門閥独裁制」[4]（Signoria）の発生と指導的都市の大公国（Principat）への発展によって、ここにおいても領邦国家が成立し、都市領域と封建的な領主支配圏もこの中に組み込まれた。確かに、身分制的な議会を持つ領邦国家も存在した（ピエモンテ、フリウリ）。また教皇領も徐々にこのタイプに近い状態になった。

地方行政

フランスとドイツの大領邦において、司法＝行政管区（Amt）および州（Land）という類型がはっきりと現れる。この司法＝行政管区のトップには、国王の代理としてたいていは下級貴族の役人が現れ、より下級の管区の一部では、都市民出身の役人が現れ、その職は彼らに限定された期間、特定の収入に対して委ねられるか、あるいは賃貸されたのだった。いずれにしても、彼らは継続的にその職と結びついているわけではなく、解任されることもあり得た。たとえまだ一つの官吏身分について語ることができないとしても、彼らはすでに近代的な官吏の型にはっきりと近づいている。彼らは下級の段階において、狭義の土地領主制的な行政にいたる地方行政全般を任されていたので、彼らは法的そして経済的分野で十分な経験を積み、この経験は特により高い職への昇任に際して、彼らに役立つものだった。私たちはこのような官吏の型を、「官房」（kameral）という当時新しくできた言葉を使って呼ぶことができるのである。

カスティリアからイングランドとスカンジナビアを超えてハンガリーにいたるヨーロッパの周辺諸国においては、前提条件が異なっていた。ここにおいては、古くからの国王の管区である「伯管区」が国王の手の中にあり続けた。このことが目立つのはイングランドであり、ここでは他のノルマン人諸国と同じように、貴族フェーデが、全く完全というわけではないが、初期に除去され、その結果、貴族フェーデは合法的な手段としてはもはや認められなくなり、高められた国王の平和が勝利を収めたのだった。確かにここイングランドにおいても、抵抗権は存在しており、一二一五年のマグナ・カルタの中で抵抗権は認められている。また似たような状況にあったハンガリーにおいても、一二二二年に抵抗権がはっきりと認められた。[5] 国王の伯管区、あるいは城塞管区（Burgbezirk）は、本来的には、また本質的には、国王の諸権利の実現に役立つものであるが、しかしそこにおいては小貴族あるいは農民あるいはこの二つを包摂するような裁判共同体が存在し、それは自立的に行動する能力を持つ団体（Korporation, Communitas）になった。それは最終的には、国王の代理人と一緒に、行政と裁判、財政と軍事高権において「地方」を統治したのである。

中央行政

さまざまな形態の地方行政の上に、王国と領邦国家の至る所で、君主の宮廷に中央行政が屹立した。それらの基本形態は、顧問会議（Rat）と書記局（Kanzlei）である。これ以外には早くから、特に君主の財政を取り扱う部局があり、君主の狭義の支配領域である直轄地全体を管理していた。ドイツの領邦においては、このような限定的な形態が一五〇〇年頃まで維持された。他方ヨーロッパ西部では、中央行政は早くから分化し、さまざまな形に分けられていた。

国王あるいは諸侯の中央行政の本質を理解するためには、全ての特殊形態が分離するその出発点が、顧問会議（Rat, Konsilium, Conseil）であるということを認識することが必要である。フランス王のように、中央行政が大変に細分化されている場合であっても、理論上、国王の統治は「顧問会議」の持続的な一体性に結びついており、原則的には国王の統治は顧問会議の中で行われるのである。このような顧問会議の特色は、そこにおいて助言が与えられ、この助言は、この言葉のより古い意味に従えば、提案されている措置が法的に許容されるものかどうかの判断を常に含むものであった。助言と援助は、それぞれの誠実結合の義務に属すものであるが、援助は法の範囲の中でのみなされるべきものだった。

顧問官が君主によって召集され、顧問官の任命に等族が影響を及ぼしていない所においても、「顧問会議における」統治は、君主が伝統的な法に結びつけられているということを示していた。ここでは明らかに、君主の法の領域を確定しそして強化しようとする傾向が見られたが、しかしこうした努力はまた明らかに限界に縛り付けられていた。このことは特に、裁判が特別な法廷で執り行われる所で明らかである。フランス王の最高法廷である高等法院は、一八世紀に至るまで、裁判官の独立を主張するだけでなく、国王の命令をその合法性の点で吟味し、三部会が召集されていない時期においては、三部会を代表するという要求も主張している。このような機関は、旧き法の番人として国王に対峙したのである。

法律家

顧問会議およびそこから派生した官庁の構成は、大変に多様である。高位聖職者と貴族の他に、西ヨーロッパにおいては一三〇〇年以降、ドイツ諸領邦においては一五世紀以降、その大部分が都市民出身の大学教育を受けた法律家が現れた。このような法律家たちが作り上げたものが、合理的に作り上げられた法曹法であり、それはまず私法の分野で始まった。イタリアと南フランスにおいては、ローマ法が住民の大部分に常に適用されていた。しかしながらこのような慣習となっていた法は、だいたいが記録されていなかったので、ローマ法大全を引っ張り出し、それを体系的に徹底的に研究しそして解釈することが始められたのだった。このような作業の上に、学識法曹が生まれ、彼らは法学部から実務の世界へと進んでいった。二つのことが特徴的である。ローマ法大全は非常に優れた法書であったが、しかしローマ法大全が生まれそして公布された、その世界はもはや存在しなかった。ローマ法大全は「純粋」法となり、それは直接的な政治・社会・道徳的諸関係から独立する自律的な「学識法」(Buchrecht)であり、その研究に即して純粋に法学上の問題が展開し、体系的な法思想が作り上げられたのである。実定法へと方向付けられた法学のかかる傾向は、教会法学が同時代に形成されそして自立したことによってさらに強化された。ローマ法をはじめその他のヨーロッパのさまざまな法を体系的に理解しようとする全ての努力は、常に教会法から切り離されており、ムッラーとラビが従事し続けたイスラームとタルムードの法に関する宗教的に規定された研究[6]とははっきりと異なっている。しかし「両法」[7]の研究がしばしば結びあわされ、そしてその学問的性格において相互に影響を与えあったとしても、ここにおいても教会と世俗の領域は互いに分離して現れたのである。

ローマ法と教会法の研究により学問的に十分に鍛えられた法律家が存在し活動したことは、ヨーロッパの社会史の根本的な事実である。この事実は、その歴史的意義という点において、継受、すなわちもともとローマ法が有効でなかった地域にイタリア的な特色を持つローマ法を受け継ぐという問題を上回っている。しかしながら「普通法」(8)（Usus modernus, das gemeine Recht）は、有効なラント法および都市法をあっさりと押しのけたのではなく、個々に影響を与え、そしてそれを「補助的」に補ったのである。イングランドのように、継受が浸透しなかった所でも、法律家身分は形成されており、また中央の国王裁判所に由来する法の体系化と統一化への傾向は、ローマ法的な思考訓練の影響がある程度あったことを示している。フランスにおいては、法律家が慣習法(9)（Coutumes）に従事したことが、ローマ法の浸透を妨げた。ドイツにおいて継受が大変に広範に成功を収めることができたが、その原因は、有効な帝国最高裁判所とそこで活動する法律家身分が欠如していたことにある。その結果ドイツでは、法学部の教授が判決や鑑定を自由に行ったのである。

一八世紀の法典編纂の時代に至るまで、ヨーロッパの法は大いに法曹法（この法曹法は学問的に鍛えられた法律家身分によって特有の性格を与えられている）であり、あるいはこの法律家身分によって確かに作り替えられたものであった。法、まず第一に私法は、ここでは自律的な性質を持ち、ますますその古くからの呪術的基礎から離れたのであるが、しかしここではまさに独自の世界が生き続けたのである。法律家は、その大部分が宮廷、すなわち君主の中央官庁と裁判所で活動した。いかに法律家たちが、君主の法的立場を確立しそして強めることを準備し、そのようにするつもりであったとしても、彼らは自分たちが受け持っている法を無視してまでそうするつもりはなかった。このことは当然のことながら、第一に裁判に従事する法律家に当てはまる。フランスにおける国王と高等法院の独特な緊張関係が、このことをすでに示している。行政管区（Amt）、領主支配圏と自治体という地方的な分野の中で、古くからの法生活、すなわち法仲間の確信の中で有効な慣習法は、長い間保たれていたが、しかしながら国王と諸侯の中央官庁とその法律家たちは、さらにその上に、統一への傾向を内部に持つ、あるいはそれを準備する法曹法を作ったのだった。最終的に、統一的な公民社会が形成され始めた時、それに相応しい「民法」（bürgerliches Recht）を作ることが目下の急務となった。この大変に新しい現象は、中央官庁で活動する法律家たちによって、長い間準備されたものであった。

「等　族」

制度的領域国家においては、継続的に機能する裁判および行政組織が、地方においてもまた中央においても設置された。しかし領主および都市共同体は、相変わらず自力救済を大いに主張しており、狭義の保護と広義の保護の領分が区別されていた。広義の保護の領分においては、領主的および共同体的な地方権力者の活動の余地が残っていた。この地方権力者たちが等族であり、彼らはその本質に基づけば、確かに「支配身分」である。

一三・一四世紀以降、領邦議会、地方三部会、帝国議会、イギリスの議会、全国三部会といった身分制議会の中には、裁判および軍隊集会、宮廷会議、レーン集会などのより古い制度に結びつくものも一部あるが、しかしこれらとは関係ないものも珍しくない。しかしながら、このような制度史的な関連があるとしても、あるいは新たに作られた身分制的集会が、例えば裁判においてより古い組織の機能を受け継いでいたとしても、この身分制的集会は、その中心的な任務において新しい状況に端を発しているのである。かかる集会は、「助言と援助」を与えるために召集される。中世の君主は、統治、政治そして戦争のために、まず第一に、直轄領および王領という支配の狭義の領域からの収入および財政的な支配権、すなわちレガリアから得られる収入に頼らざるを得なかった。従軍の義務もまた、レーン法およびラント法によって厳密に限定されており、また戦争の遂行のために不可欠な傭兵軍は、大きな資金を必要とした。従って君主は、軍務と租税における臨時給付に頼り、そのためにはこれに関係している地方権力者、すなわち領主、騎士、聖界の領主である高位聖職者と都市の同意を必要としたのだった。いくつかの南ドイツおよび西部ドイツの領邦では、時々あるいは継続的に領邦議会に農民が出席する所があるが、これは領邦君主の行政管区の裁判共同体の代表である。大陸においては、高位聖職者、貴族、都市という三身分構成が優勢であり、ヨーロッパの周辺地帯においては、その内部の構造に応じて、二つの「議院」（Häuser, Kammern）という構成が優勢であった。君主の「大参事会」から生まれた高位聖職者や有力者（Lords）が出席する上院に対して、下院においては州（County）、県（Komitat）の騎士あるいは農民の裁判共同体の代表者と王立都市の代表者が出席した。

　このような身分制的集会の任務はまず第一に、すでに述べたように、「助言と援助」、すなわち君主に対する地方権力者たちの臨時給付の承認である。従って身分制的集会は、君主によって必要な場合にのみ召集された。

しかしながらこれにとどまることはなかった。等族は、統治の交代の際に君主に対して誠実宣誓をする時、彼らはこの機会に、この誠実関係の中で結びつけられている権利の確認を求めた。ここで確認される「もろもろの権利と自由」(Jura et Libertates) は、狭義の等族の権利を意味しているだけでなく、等族がそこから成り立っている地方権力者の法的立場の複合体全体を意味している。君主は緊急の場合には、等族によって本来は「自発的に」果たされるものを等族に対して要請したので、さらにまたこのような緊急事態の程度は少なくとも常に争われるものであったので、等族は、苦情を解決すること、等族によって承認された資金を等族が自己管理すること、いやそれどころか、等族が推挙する人物との共同統治をも要求することができたのだった。この結果は個々に大変に異なっている。ヨーロッパの周辺地帯では、至る所で等族との継続的な共同統治、いわゆる二元主義的な身分制国家に至った。他の場所、例えばフランスでは、君主は等族に継続的な譲歩をせずに、常に緊急の場合にのみ等族を召集していた。しかし絶対主義へと上昇した国王および諸侯が、等族の集会を実際に排除し、その集会からあらゆる政治的影響力を奪い取り、長い期間召集しないか、あるいはささいな任務に制限した所においても、原理的には、等族の集会は存在し続けており、正式に取り除かれることはなく、一七八九年のフランスのように、(10) 一七〇年以上経って古い形で再び召集され得たのである。

等族の政治的意義は、地域によってそして時代によって大変に異なっている。重要な政策への継続的な影響力を、等族は例外的に手に入れたにすぎなかった。等族の活動が、彼らに認められた任務を自己管理することに限定されている所、あるいは本質的な機能を果たすことなく、全く形だけで存続している所でも、地方権力者の伝統的な構造は生き続けていた。等族は従って、政治的意味における「人民」(Volk)、すなわち王国の「国民」(Nation)、ラントのラント人民(Landvolk)であり、君主は彼らと一緒に行動し、彼らとともに王国あるいはラントの全体を成したのである。君主と等族の両者に法が適用され、あらゆる制定法は、それに関係する人の明白なあるいは無言の同意を必要としたので、制定法が不法と宣言されることも、また抵抗を招くこともなかった。個々の制度の中ではなく、法についてのかかる見解の中に、ヨーロッパの内部構造の決定的な連続性がある。行政国家と身分制国家は互いに補完しているのである。

一二　民族と国民

基　礎

西欧のキリスト教世界は多くの民族から構成されている。これらの民族の多く、特に指導的な民族は、「国民」(Nation) になった。中世末に受け入れられた意味における「国民」は、歴史的過程の結果であり、「国民」はその存在とその任務を自覚し、国民感情と国民意識を発達させたのである。その際早くから、「国家」(Staat) と「言語文化」(Kultur) との二重の関連性が指摘されていた。もちろん程度は大変にさまざまであるが、この二つの要素はいたるところで有効である。国家の国民 (Staatsnation) と言語文化の国民 (Kulturnation) は、確かに広く重なり合うが、しかし決して完全に重なり合うわけではない。民族移動と初期の王国建設は、さまざまな民族と部族の共存をもたらしただけでなく、西ローマ帝国の広い部分が別の言葉を話す支配者層に覆われることにもなった。ここでは直ちに同化の過程が始まった。混合する地域においては、その上さらに平準化が生じた。ローマ帝国においてすでに存在していた地域的相違に基づいて、多種多様なロマンス語の言語圏が生まれた。ここにはすでに政治的要素が入りこんでいる。ガロロマンス語圏はフランク人の支配の下に統一され、後のフランス国民の基礎となった。フランク帝国は、さらにまた大陸でゲルマン語系の諸部族も含んでいた。彼らは、八〇〇年頃には言語上、「ドイツ人」（Deutsche）とみなされた。この言葉は九世紀においてさらに民族の名称になり、一〇世紀の初めには東フランク王国から成立したドイツ王国に適用された。この点では、カロリング帝国の没落が影響を及ぼしている。西王国においては、最初からガロロマンス語系フランス人が、東王国においはドイツ人が優勢である。短期間存在した中部王国が没落すると、一部はドイツ語を一部はロマンス語を話すその北半分はドイツ王国に入り、大部分がロマンス語を話す南半分はブルグント・アルル王国として残った。イングランドにおいては、親族関係が近いさまざまな集団からなるアングロサクソン人が、九世紀末に成立した大王国によって一つに統合された。こうしてアングロサクソン人は、スカンジナビアから進出してきた占領者および入植者の波に打ち勝ち、彼らを最終的に同化した。大王国とこれに結びついたキリスト教化は、政治的な枠組みをも生みだし、その枠組みの中でデンマーク人、ノルウェー人とスウェーデン人が小民族から生まれた。同じようにして、ポーランドとハンガリーが生じたが、ただハンガリーでは、常に複数の民族が存在し、それらの貴族はマジャール人とともに国家に関与したのだった。

国民の形成

民族は次第に「民族精神」（Volkscharakter）を形成する。すなわち、民族にとって特徴的な比較的一定な行動様式と存在形態が現れるのである。それゆえ文化史（Kunstgeschichte）は次のことを確認することができた。中世中期において、国民的な区別のない地域類型に代わって、大きな民族と一致する文化空間が現れ、その空間の中では、一定の傾向を国民特有なものとみなすことができるということである。ヨーロッパの国民の形成にとって、言語と文学に対する関係が決定的であった。西欧の諸民族の教会、官職および文化の言語は、ラテン語であった。ロマンス語系の言語領域においては、ラテン語が大変に長い間、これらの言語であり続け、話し言葉が書き言葉になることを妨げていた。また古ザクセン語や古高ドイツ語の著作物は主に、ドイツ人に教会の著作物の内容を伝えるための補助手段として用いられた。同じことはアングロサクソン語にも当てはまるが、アングロサクソン語は初期には、法書や証書にも利用されていた。教会と世俗が区別され始めたことによって、一一〇〇年頃に初めて、貴族そしてさらに都市によって担われた俗人文化が生まれた。古フランス語と南部においてはプロヴァンス語、中高ドイツ語と（大変に狭い地域における）中低ドイツ語は、高度な文体の詩の担い手となり、この詩の中に民族の自意識が部分的に表現されている。フランスにおいてフランス語が、ドイツにおいて中高ドイツ語が指導的になったことは、政治状況と関連している。フランスでもドイツでも、国王とその貴族集団の活動の重点は、該当する言語圏に置かれた。それに対して、政治的に三つの部分からなるイベリア半島では、カタロニア語、カスティリア語、ポルトガル語という三つの標準語が形成された。後にカスティリアとアラゴンが統一されると、確かにカスティリア語が優位を得たが、しかしカタロニア語を排除しようとはしなかった。

イングランドでは、ノルマン征服によってフランス語を話す支配層を受け入れることになった。一四世紀に英語が完成した文学語になるまでには、二〇〇年以上にわたるノルマン人とアングロサクソン人の同化のプロセスを必要としたのだった。

イタリアは特殊な事例を示している。六〜一九世紀まで一度も政治的統一をしておらず、国民はここでは国家によって規定されることはなかった。一一〇〇年頃に、外国人の集団（ランゴバルト人、ギリシア人等）がイタリア・ラテン的気質（Italoromanentum）に融合した。イタリア人の自己意識は、局地的な自治権をめぐる都市国家と皇帝——人々は皇帝を外国人と感じていた——の戦いの中で生み出された。人々はその際教皇に頼ることができた。教皇領は確かにイタリアの統一を不可能にしていたが、しかし教皇はイタリア人に、教会の首長の本拠がここにあるという意識を与えたのだった。ここではローマ思想が作用していた。イタリアは最も長くラテン語の影響下に置かれていた。一二二〇年頃に初めて、イタリア語が文学語になり、一三世紀全体を通じてようやくプロヴァンス語とフランス語に勝利を収めることができた。ダンテ[1]の力強い登場が初めてイタリア語の勝利を確定し、そして文化的な国民意識に対する基礎を築き、この国民意識は都市の上層によって、またすぐに人文主義的な教養を身につけた集団によって担われたのであった。このような国民意識は、状況からみて一つの国家に関連づけられるものではないが、しかし非政治的なものでもなかった。何度も繰り返し降りかかる外国支配に対するイタリア人の自己主張が、この中に含まれているのである。

民族と国民の構造

中世中期以降に形成されたヨーロッパの国民は、明らかに国家と言語文化に二重に関連している。ロマンス語を話す帝国の住民（Reichsromanen）あるいは東方諸国におけるドイツの民族集団のように、国民がその国境の外にのび出ている所では、領主支配的および共同体的な地方団体から構成され、主権が欠如しているという国家の内部構造が、この二重の結びつきというものを可能にしていた。確かに特に東方において、摩擦が生じなかったわけではない。その上、この構造の中には、農民的な「民族性」（Volkstümer）も存在し続け、言語文化、特に農民とは異なる言葉を話す領主の官庁用語、文学語、取引用語の文化は、この農民的な「民族性」をその本質において深く理解することはなかった。一方王国と国民が一致している所では、国王と教会の対立、すなわち主権国家からなる国際法共同体へとキリスト教世界を再編する傾向が、国民の政治的意識を強めたのだった。君主は教皇庁との闘争の中で、さらにまた他の諸勢力との闘争の中で、「国民」（Nation）を駆り立てたのだった。世俗化された使命および宣教の観念が、広く国民意識の中に受け容れられた。国民は必然的に、帝国議会、パーラメント、三部会という形で組織されている身分制的構造の中で、君主と接することになった。一八世紀にいたるまで、国民はこのような身分制的構造の中にあったのである。従って、ここでいう国民は国家および言語文化を担う階層全体であり、それは「民族」（Volk）とは区別されるものである。しかしながら次のことを見逃すべきではない。すなわち、農民の都市への移住、都市民の内部の成長、指導的な市民家系の貴族への移行、小貴族の貴族層への上昇により、個々の家系が絶えず上昇していたことである。これによって社会構造は影響を受けないとしても、しかしながら「国民」（Nation）は新しい力を「民族」（Volk）から常に手に入れるのである。

似たような経過と構造を西欧以外にも見ることができる。しかし西欧においてのみ、宗教的および文化的に規定された統一体という枠組みの中で、政治的および文化的に多様な個性、言語あるいは歴史によって刻印され、引き裂くことのできないたくさんの集団の個性、言わばさまざまな種類の共通の西欧的、精神的・心的本質が生まれたのである。西欧の内的な緊張関係という豊かさは、これらの民族の相互作用すなわち引力と斥力に基づいており、この内的な緊張関係は常に新しくそして活動的な発現を可能にし、そして新しい世界史を動かす最も強い力を自分自身の中から生み出すのである。

一三　「中世」から「近代」へ

中世はしばしば一つの固有な世界、すなわち「近代」の反転像として描かれている。その際、「暗黒の中世」、すなわち「封建的アナーキー」の克服の中に発展を見るか、あるいは中世的な「均一な文化」の崩壊の中に没落を見るかどうかは、重要ではない。啓蒙主義的立場もそしてロマン主義的立場も、中世を近代から切り離している点では同じである。

しかし本書では、一つのヨーロッパの歴史を見ること、すなわち「中世」の数百年をヨーロッパの基礎として検討することが試みられてきた。いかにも中世的なさまざまな現象が、近代において一八世紀にいたるまで、いやそれどころか一九世紀にいたるまで生き続けており、もしそれらの中世的な起源にさかのぼらなければ、近代固有のさまざまな傾向をその歴史的由来において理解することはできないのである。この問題を最後にもう一度触れることにしよう。

農　民

「官職国家」の発展は、農民と領主の関係に大変に広範囲に及ぶ結果をもたらした。国家（国王あるいは諸侯）の地方行政が有効になればなるほど、ますます領主支配権は抑止される。農民はもはや土地領主および裁判領主の臣民ではなく、国家の地方管区の臣民であった。保護権と下級裁判権（純粋な土地裁判権を除いて）を誰が行使するのか、それとともに租税および軍事高権を誰が所有しているのかが、常に重要であった。イタリアの都市国家、南ドイツおよび西ドイツの諸領邦、プレヴォ裁判管区やバイイ裁判管区[1]を持つフランスは、農民を直接支配するという目標を広範に達成した。国家の地方管区の中であるいはその側で、貴族と聖職者の支配権は衰退し、西ドイツにおいてよく言われるように、彼らは「化石化し」、狭義の新しい意味における単なる土地領主になった。イングランドにおいては、貴族の裁判支配権はほんの限定的に認められていたにすぎなかった。一方、領主がその保護権と裁判権を中世後期以降再び拡張し、同時に農場経営（Gutswirtschaft）と隷農制（Gutsuntertänigkeit）の前提条件を作り出したエルベ川の東では、状況は全く異なっていた。これらの事象は実際にまた、市場経済の強化と関連していた。北東部における農業の大規模経営は、稠密に都市化した西部地域に大量の穀物を輸出することができたことによって促進された一方で、この西部地域の集約的な市場経済は、農民の給付が現物から貨幣貢租にますます移行すること、そして領主支配的な拘束を伴っている古くからの借地を時間的に限定された純粋に経済的な性格の小作契約に変更することを可能にした。領主支配は、臣民に対する保護という中心的な任務を失い、トクヴィル(2)(Alxis de Tocqueville)が言うように、「政治的な制度」(institution politique)から「社会的な制度」(institution civile)になったのである。

個々の領主支配に対する拘束から解放され、「国家」の中に位置づけられる農民身分の形成の発端をここに見ることができるであろう。しかしながら次のことに注意を払う必要がある。すなわち、保護と援助に向けられた誠実関係が存続することにより、特にドイツやフランスにおいては、国家の地方管区は古くからの領主支配から生じ、その機能を受け継いでおり、農民はこの領主支配に臣民として結びつけられたままであったということである。

農民蜂起

一四世紀前半から一六世紀まで、わずかには一八世紀まで、相当な数の農民蜂起と農民戦争が起きた。その主要発生地域は、南東イングランドからフランドルを越えて北フランスと南ドイツであり、周辺地域としてはカタロニア、北イタリア、ハンガリーである。原因は個々に大変に異なっており、それぞれについて詳細に検討されなければならない。農民蜂起を誘発したよくある例としては、敵が侵入した時に、保護が機能しないことをあげることができる。状況を見渡す限りでは、農民蜂起を起こす農民は、経済的に圧迫を受けていた農民ではなく、むしろ自らの権利の確保あるいは拡大を自覚的に求める農民であり、彼らは古くてもはや意味がなく圧迫と感じられる要求や制限を取り除き、そして領主あるいは諸侯の地方管区の増大する要求に抵抗するために、状況によっては武器を取ったのである。農民戦争の主要発生地域が、集約的な経済的先進地域であり、地方管区の組織によって領主支配が弛緩している地域であることも偶然ではない。農民蜂起は至る所で、たいていは数週間後には鎮圧された。しかし農民の法的および経済的地位の基本的悪化は、例えばハンガリーの例を除けば(3)、これによってもたらされたものではない。局地的な領主支配は、その地域全体を越えて広がったこの運動に打ち勝つことができなかったために、ここにおいても行政国家の強化が必然的な帰結であった。

都市と市民

国家権力の強化は、それ程強くはないがしかしはっきりと認められる影響を自律的な都市共同体に及ぼした。ドイツでは国王の力が弱く、都市国家へと成長した帝国都市に対する支配を強化することはできなかった。しかし多くの領邦では、一五世紀において、ほぼ独立している都市を領邦権力に従属させ、都市の自律的な政策を排除することが試みられた。この試みは、もちろん一部の地域ではようやく一七世紀においてであったが、かなりの成功を収めた。さらにまた、都市の自律性は都市君主の監督権の行使によって制限を加えられており、選挙と都市経済の監督のために臨時に、近世においては定期的に派遣された使節によって制約を受けていた。西ヨーロッパにおいて都市は、中世中期以降、広く国王の直接的な支配下におかれた。例えばフランスの王権は、都市を統治している上層民を国王に従属させ、都市行政を国王の監督下に置いたのである。

都市の自律性と国家の地方構造に基づいて、かつて「中世の世界経済」[4]（F・レーリヒ）と呼ばれるものがあった。しかし国家的な経済政策、すなわち統一市場としての国家領域――その中では政治的まとまりと国家の不可侵性に適合する「国民経済」（Volkswirtschaft）が成り立つことができる――に関連づけられた経済政策に対する前提条件が欠けていた。私たちが国家の商業政策的な措置として知っていることは、自分の領域の中にある街道に対する支配権の利用に関することである。都市は広範に自立していた。かかる状況をドイツのハンザ以上によく示すものはない。それは最初は北ドイツの遠隔地商人の団体であり、やがて帝国都市であれ領邦都市であれ、その遠隔地商人たちの都市の団体となり、さらにまた外国における商業権の獲得と保持のために、ドイツ以外のいくつかの都市も団体に加わった。イタリアと南ドイツの商人およびその会社が展開した全ヨーロッパ的な商取引もまた、このような前提条件の下でのみ可能であった。中小の都市は確かに「都市経済政策」をとったが、それは周辺領域すなわち禁制区域（Bannmeile）における経済的な独占状態を目指すものだった。遠隔地取引によって規定される大都市は、自由な商業の可能性を獲得しようとし、さらに互市および開業強制権[5]（Stapel-und Niederlagsrecht）の獲得により、交通に便利なその地理的状況を利用しようと努めた。商品および貨幣取引はまだ、一二・一三世紀において形成された基礎に基づいていたのである。

国際的な商品取引とそこから生じる貨幣取引は、教皇庁への送金および政治的諸勢力との信用業務に結びついていた。フィレンツェのメディチ家、さらにまたフッガー家も部分的にこのような基礎の上で繁栄した。大商事会社、例えばラーフェンスブルク会社(6)あるいはザンクトガレンのディースバッハ＝ワット会社(7)は、ハンザの商人たちと似たように、ヨーロッパの大部分にその開業権を広げた。しかし一五世紀の半ば頃に、フランス王との信用業務を主にフランスに限定した商品および貨幣取引と結びつけたジャック・クール(8)（Jacques Cœur）のような人物もいた。フランス王ルイ一一世は、その後まもなくこれに対して措置を講じたが、この措置は体系的な政策という点では、重商主義的と後に見なすことができるものであり、また結果として国土を経済的により強く閉鎖化することを目指すものであった。一方、特にハンザ商人のような外国からきた商人は、一五世紀末から一六世紀において、外国において次第に大きな困難に出会うようになり、重要な特権を放棄せざるを得なかった。これと同じ時期にいわゆる「初期資本主義」（Frühkapitalismus）が、アウクスブルクを頂点とする南ドイツの帝国都市において形成されたのであるが、この「初期資本主義」の中に、数世紀前に生じた商品および貨幣取引のシステムの頂点と最終結果を見ることができる。南ドイツの帝国都市の広範な自律性は、皇帝権の衰退に基づいており、他の地域ではすでに消え始めていた経済的な行動の自由が存在していた。確かに、フッガー家などの興隆は、次第にヨーロッパ的な大勢力に成長したオーストリア家との緊密な結びつきなしには考えることはできず、その広く多様な支配領域の中で、一つの国に結びつくことなく、さまざまな権利を獲得することができた。しかし当然のことながら、オーストリア家の主たる敵対者であるフランスとの取引、特に銀行地であるリヨンにおいて営まれた取引は、すでに抵抗にあっていた。実際に、南ドイツにおける（そして同じように活発だったジェノヴァにおける）フッガー家の全盛期は、オーストリア家の政治的および経済的危機の中で、一六世紀の半ば以降早くも過ぎ去ったのである。このことは、海外への拡大の影響によって、経済生活の重点が大西洋沿岸に移る時代のことであった。国家と大会社がいかに緊密に結びついているのか、指導的な市民が国家の有力者といかに密接な関係にあるのかが、ここにおいて明らかになる。しかしこのことが完全に当てはまるようになるのは、ようやく重商主義の時代になってからである。古いタイプの都市市民は相変わらず残っていた。

「身分制議会」

身分制の分野において、古くからの形態が大変に強靱にそしてほとんど変わることなく保たれていた。未来を指し、後の公民社会を指し示す変化を経験したのは、フランスだけである。フランスにおいても身分制議会すなわち全国三部会と地方三部会は、聖・俗の土地領主および国王都市から構成されていた。かなり前から直接的な国王支配の下にあった地域、特にフランスの中心部においては、まず地方三部会が姿を消した。まさにここでは国王の地方管区が、荘園もまた都市の自律性も抑え込み、租税および軍事高権を手に入れたのだった。「第三身分」はここではもはや国王都市とは一致せず、直接国王の地方管区のもとにある市民と農民という絶えず広がっている階層を含んだ。従って一四八四年に、バイイ裁判管区ごとに代表者を選ぶことを決めたことは重要であり、(9)同じことが後に聖職者や貴族にも適用された。ここでは「旧身分制社会」が完全に形成されたが、その一八世紀における最後の状態が、しばしば身分制秩序の叙述のモデルとなった。しかしこの一般化を認めることはできない。なぜなら別の場所では、古くからの基礎がはっきりと存続しているからである。変化したことは、身分制集会の構造ではなく、君主との関係である。私たちは身分制国家における「二元主義」の成立ということを知っている。制度史的に古くからの「人民集会」と直接的な関連があるかどうかは別にして、すでに述べたように、「身分制議会」は（政治的および国制法的な意味における）君主と人民の共同という古くからの原則を確かに受け継いでいる。しかし今や君主に本来認められていない給付を認めるかどうかの商議が前面に現れるのである。君主の統治において、特に中央行政において、等族が参加しなかった所では、君主の行政装置の強化は、「身分的な」分野との対立、すなわち地方行政の自律性ならびにこの地方行政の上に築かれた身分制議会との対立、あるいはまた場合によっては身分制議会によって作り上げられた行政装置との対立を浮かび上がらせたのだった。

「主権」の問題

君主と等族の二元主義が先鋭化すればするほど、法は君主と人民の上にあるという最終的には宗教的に規定された古くからの観念がますますぐらつくことになった。人々はこの観念を原則的には否定することはなかった。さらにまた法は、恣意的な制定法とは異なり、常に有効で義務を負わせている秩序でもあった。疑わしい場合、結局のところ、何が合法的なのかを誰が判定を下すのかがますます疑わしくなった。君主が人民とともに判定を下すのか、「君主」あるいは「人民」がそれぞれ独自に判定を下すのか。このような状況の中で「主権」すなわち「君主主権」(Fürstensouveränität)ならびに「人民主権」(Volkssouveränität)という独特な概念が現れた。この概念の起源は遠い過去にさかのぼるが、ボダン(Jean Bodin)が、一五七五年に最終的な定式化を行った。すなわち主権とは「最高にして諸々の法律に拘束されることなき権力」(summa legibusque soluta potestas)である。(10) 君主は、法命題すなわち個々の法律には拘束されないが、しかし法(Jus)には拘束されている。これに結びついた絶対主義の理論は常に、例えばトルコにおいて見られるように、「専制的で恣意的な」統治ではなく、法による統治であることを強調している。しかし疑わしい場合に何が法であるのか、伝統的な法に基づいて何が「良き」ものであり有効なものなのかを決めるのは、君主であった。このような状況の中で、もし君主主権を否定しようとするならば、人民すなわち身分制議会の中に組織された人民の主権を君主主権に対置する以外方法はなかった。「法」への拘束の中に、確かにまだ古くからの法観念は生き続けていた。しかし君主と人民の一体性は、主権概念によって打ち破られたのである。

君主がこのような地位を獲得することができたことは、中世後期において行政国家が緩やかに築かれ強化されたこと、君主の地方管区の網によって地方権力者が弱体化したこと、中央行政とりわけ裁判が継続的に有効に作用したことを前提にしている。この裁判の分野にあっては、最終的に自力救済すなわちフェーデが、数世紀前からその制限と克服に努めたことにより、完全に取り除かれた。西ヨーロッパの君主国とドイツの領邦国家がこのことに一五世紀後半に成功した。しかしドイツの皇帝はそのような状態にはなかった。ここでは東西からの外圧の下で、皇帝と帝国等族が一四九五年に「永久ラント平和」(11)を成立させたのである。さらに君主の権力が自力救済を除去した所では、不正を行う国家権力に対する抵抗も問題視され、そして疑わしい場合に、何が法であるのかを最終的に決定する要求を君主が掲げることになった。実際に君主は、国内においては主権者になった。しかし主権概念は、外交政策的な一面も持っている。主権は、後の時代においてそして今日でも、国際法共同体の構成員として認められるための前提条件である。

国内における主権と対外的な主権は、従って、世俗の分野において君主の上に立つ機関が存在しないことを前提としている。こうして主権概念は皇帝と教皇に対して向けられるのである。キリスト教世界全体の上に立とうとする皇帝の要求は、中世中期以降、徐々に姿を消すが、しかし教皇がこの要求を引き継いだことで、キリスト教世界を包摂する帝国（Imperium）という観念は生き続けていた。従って、キリスト教世界の構成員であり、その世俗権力を例えば教皇からではなく、「神から直接」持つことを望む個々の君主たちは、その支配領域の中では、皇帝の権利を行使することになった。こうして一三世紀後半以降、まずフランスにおいて「国王は優位者を認めず、その王国内では皇帝である」（Rex superiorem non recognoscens est imperator in regno suo）という定式が形成され、そしてヨーロッパに広がっていった。今や君主はキリスト教世界において、各々が帝国を所有し、国際法上同等な者として現れる。同時に君主は、ローマ法のさまざまな定式をその立場の強化に利用することができたのである。

最終的な成果として、外に対して閉鎖化している国家を国際法共同体の唯一の主体とする傾向が明らかになる。数世紀にわたり、ヨーロッパの政治は広範に自律的な行為能力を持つ地方権力者によって規定されており、「私的」なフェーデと「国家的」な戦争の間に境界線を引くことはできず、同盟組織と軍事上の集団は国家の境界線を超えていた。このような状態は一五〇〇年頃に終わった。この意味において今や「ヨーロッパ諸国家体系」について語ることができ、その中では「大国」が指導的存在として現れた。ドイツ帝国はここにおいては例外をなしている[12]。ここでは近代国家への発展は領邦で実現した。一六四八年に同盟権が領邦にはっきりと保証されたのであるが、このことはしかしながら、同盟権がドイツは別として、いたる所で消え去ったことを示しているのである。

国家と教会

世俗の支配領域が外に対して閉鎖化する傾向はしかしながら、必然的に聖俗両方の世界に属している広大な領域が教会の中に存在しているという事実と矛盾している。さらにまた、教皇によって指揮される施設としての教会（Anstaltskirche）という性格を依然として強く持つ普遍教会（Gesamtkirche）が、聖職者も俗人も含んでいるという事実とも矛盾している。このことは普遍公会議で最も明らかに示された。そこではまさに聖界の顕職者とともに世俗の有力者が常に出席していた。教皇庁の中央集権的な教会統治は、改革を求める声を駆り立て、教皇の首位権の要求は、世俗の諸勢力との闘争、アヴィニョンへの教皇庁の移転そして最終的には教会大分裂へといたったのである。この教会大分裂の克服と教会改革が、公会議運動の目標であったが、公会議運動はさらにこれを超えて、定期的に招集される公会議によって教会を共同統治することを求めた。もう一度ピサ、コンスタンツそしてバーゼルにおいて古い意味におけるキリスト教世界全体が現れた。しかし公会議運動は失敗した。教皇の教会統治が最終的に勝利をおさめたのだった。一五世紀半ば以降、さまざまな君主会議（Fürstenkongresse）が開催された[13]ことは偶然ではなく、この会議で教皇庁は、キリスト教会共通の任務（対トルコ防衛）のために、キリスト教世界を掌握することを企てたが、このような任務は、かつては公会議によってなされていたものであった。教会と世俗がここにおいてはっきりと分離して現れている。キリスト教世界は、キリスト教諸国の国際法共同体（Respublica Christiana）となり、これには教皇庁も含まれていた。後の教会会議（第五ラテラノ公会議、トリエント公会議）には、世俗の諸勢力は出席せず、また投票権も持たなかった。

改革を求める声は、誰の耳にも届かずに消え去ることはなかった。しかし公会議とその共同統治を求める要求に譲歩せずに済むように、一五世紀および一六世紀初めに教皇庁は、世俗の諸勢力と協約[14]を結ぶ準備をしたのだった。世俗の諸勢力はこの協約によって、高位の教会職の任命に対して、さらに部分的には教会収入の配分に対して決定的な影響力を手に入れたが、しかしまた改革思想も受け入れたのだった。教会領に対する古くからの保護義務と結びついて、「国家教会的」な政策に道が開かれることになった。この政策はこの分野においても対外的に国家が閉鎖化することを促し、君主が宗教改革を受容した所では、プロテスタントの領邦教会体制に道が開かれたのだった。またカトリックにとどまった国においても、対抗宗教改革の勝利により、一七・一八世紀において国家教会的な傾向が顕著となり、その際、この傾向は中世後期にあったさまざまな基礎と意識的に結びついていた。しかしながらこれら全てのことは、教会と世俗の対立というヨーロッパの大きな特徴を取り除くことを意味しているわけではなく、あるいはまさに東方教会の意味における皇帝教皇主義が作り出されたことを意味しているわけでもない。カトリックの地域においては、教皇権をその頂点に持つ普遍教会が依然として存続しており、福音教会においては、君主に対抗して神の言葉を引き合いに出す可能性が常にあったのである。

宗教改革と対抗宗教改革の対立により、教会の中の組織上の統一はなくなった。しかし依然として、ヨーロッパの国家世界は、この対立を超えて、キリスト教的国際法共同体（Corpus Christianum）として自覚されている。今や始まった領土の拡大が、この精神的遺産を海外の地域にも運んだのである。

訳注

一　術語上の基礎的諸問題

（1）ヤーコプ・ブルクハルト　一八一八―九七年。スイスの歴史家、文化史家。ブルクハルトは、歴史の転換点としてフランス革命の意義を強調しており、「旧ヨーロッパ」という言葉で、フランス革命以前のいわゆるアンシャン・レジームを示したと考えられる。

（2）ディルタイ　一八三三―一九一一年。一八八三年に『精神科学序説』を公刊し、自然科学とは異なる「精神科学」の学問的基礎づけに着手した。ディルタイの「精神諸科学の自然的体系」とは、中世の超自然的知識とは異なって、人間の自然的知識を追求する一六～一八世紀に試みられた努力の総体を指す言葉である。人間性のうちには法則的な関係があり、人間がこの法則的な関係を自覚し、経済や法律などにおける生活をこの法則に準拠させようと努力する時人間は成熟する。これはヨーロッパの精神・文化の発展を総括的に捉えたもので、ヨーロッパの合理主義を理解するために重要である。

（3）「世界」　ローマ人の観念によれば、地上世界（Orbis terrarum）すなわち「世界」の支配された形が、ローマ帝国（Imperium Romanum）であり、ローマによる地上世界の支配が、世界帝国ローマに他ならなかった。さらにこの世界とキリスト教世界が同列化された。

（4）ハンス・フライヤー　一八八七―一九六九年。一九二五年からライプツィヒ大学の社会学講座の教授を務めたが、第二次世界大戦後の一九四八年に西ドイツに移住し、一九五三年から六三年にはミュンスター大学で教鞭をとっている。二巻本からなる『ヨーロッパの世界史』（Weltgeschichte Europas）は、西ドイツに移住した一九四八年に公刊されている。

二　キリスト教世界と西欧

（1）　アルル王　　アルル王国はブルグント王国とも呼ばれる。四一一年にブルグント族がローヌ川流域に建国した王国であり、五三四年にフランク王国によって滅ぼされたが、九世紀末のカロリング朝の混乱の中で再び独立し、九三三年からブルグント王国、あるいはアルルを都としたことからアルル王国と呼ばれる。一〇三二年に同王家が断絶し、王位は神聖ローマ皇帝に引き継がれた。

（2）　ローマ行　　皇帝権がローマと強く結びついたことにより、ドイツ人によって選出され、アーヘンで戴冠したドイツ王は、皇帝の称号を取得するためにローマに赴き、教皇による皇帝戴冠式を行わなければならなかった。ドイツの封臣はこのローマ行に勤務する義務を帯びていた。

（3）　ペトラルカ　　一三〇四―七四年。最初の人文主義者と称される叙情詩人。イタリアの政治的統一を願い、神聖ローマ皇帝カール四世に働きかけたが叶わなかった。カール四世は一三五四～五五年にかけてローマ行を行い、ローマで教皇インノケンティウス六世による皇帝戴冠を行った。その際カール四世はイタリアに干渉しないことを教皇に確約し、戴冠式が終わると同日中にローマを離れた。

（4）　政教協約　　ローマ教皇と国王などとの間で結ばれた協定。叙任権闘争を終結させた一一二二年のヴォルムス協約が最初の事例である。

（5）　私有教会　　領主がその所領内に建て、聖職者の任免権をもった教会を私有教会と呼ぶ。私有教会においては、領主は教会に対する完全な支配権（所有権）を持っていた。この私有教会は七世紀頃から生じ、ザクセン朝の神聖ローマ皇帝の下での帝国教会制に大きな影響を与えた。司教座聖堂が皇帝の私有教会とみなされ、司教区の所領が皇帝あるいは帝国教会の財産とみなされるにいたった。この点はグレゴリウス改革で争われ、解消へと向かうことになる。

三　王権、民族と法

(1) 強制国家　三～四世紀のディオクレティアヌス帝およびコンスタンティヌス帝の改革により、ローマ帝国の官僚制の強化と属州の細分化が急速に進められた結果、帝国官僚や属州総督が都市の自治行政に介入し、都市参事会員を圧迫するようになった状態を指す。

(2) キヴィリタース　古代後期においてローマ人とゴート人が平和共存するために用いられた概念で、社会秩序の維持、法の遵守、市民間の調和という要素を内包している。本書ではこの中でも特に法の遵守が強調されている。

(3) フェーデ　自己の権利が侵害された場合、侵害した者に対して実力を行使することで解決する方法で、裁判における解決とともに合法的な紛争解決の方法とされた。事前に場所と時間を通告した上で行われた。私闘、自力救済などと訳されることもある。

四　荘園と農民

(1) 完全ノーフェ保有農　フーフェとは本文中にもあるように、農家、農耕地、牧草地、共用地の用益権で構成される農民の経営体であり、八世紀以降徐々にフーフェと呼ばれるようになった。フーフェの大きさは、地域によって異なっておりヘクタール等の単位に換算して示すことは難しい。いずれにせよ一フーフェ（完全フーフェ）では、農民一家族を養うには十分であった。分割相続により、フーフェが二分の一、四分の一、さらには八分の一に分割されることもあった。

(2) 体僕領主権　個人が人格的に自由ではなく、他人の所有に属す場合の権力を指す。この権力を持つ領主は体僕領主と呼ばれる。移動の禁止や結婚制限等がこの体僕領主権と結びつくこともあった。

(3) ジッペ　狭義の家族を越えた共通の出自に基づく共同体を指す。紛争が起きた時には、ジッペ単位で解決が図られており、ジッペは平和共同体でありまた保護共同体でもあった。ジッペは、男系の親族によって成り立っている固定的ジッペと女系の姻族を含む可変的ジッペに分けられる。ゲルマン人において母系親族を含むジッペがあったことは、タキトゥスによっても知られている。
（4） F・シュタインバッハ　一八九五—一九六四年。ボン大学教授でライン地域の歴史の指導的な人物。本文で引用された箇所は、一九五四年に発表された雑誌論文（Der geschichtliche Weg des wirtschaftenden Menschen in die soziale Freiheit und politische Verantwortung）に拠る。同論文は現在はシュタインバッハ死後の一九六七年に公刊された同氏の論文集（Collectanea Franz Steinbach）に収められている。

五　国王の官職

（1） ポリツァイ　ポリツァイとは、都市や農村における良き公の秩序およびそのような秩序を維持し臣民の幸福を積極的に推進する活動を指す。一五世紀末に都市においてポリツァイに関する条令が制定され、一六世紀以降は帝国および領邦レベルでポリツァイ条令が制定された。近代的な警察概念よりかなり広い概念であることから、「警察」とは訳さず「ポリツァイ」とカタカナ表記することが一般的である。
（2） ケンテナーリウス　フランク帝国において、征服等で新たに獲得した領土にケンテーナと呼ばれる一種の行政単位が置かれ、ケンテナーリウスはその長として王領の管理にあたった。
（3） ガウ　河川や山などの自然の境によって地域的にある程度まとまりのあるゲルマン人の政治的定住共同体を指す。その大きさはまちまちであるが、一名あるいは数名のガウ首長によって支配されていた。
（4） 六一四年　六一四年に国王クロタール二世が、貴族の要求を受け入れる形でパリ告示を発布した。この告示によって、宮宰に国王の権限も委任されることになった。
（5） Octo banni regis　国王罰令権の下で国王の特別な保護下に置かれていたものを総称する言い方。本文中にある寡婦と孤児以外には、聖職者と巡礼、商人、教会、教会財産、道路、森林、河川湖沼があった。

六　レーン制

（1）自由所有地　レーエン制に含まれず、最高封主の国王とは何ら関係のない自由所有地を指す。開墾地などがこれに相当するものとみなされた。

（2）プフリュンデ封建制　プフリュンデとは、特定の職務に付随する禄を意味しており、プフリュンデはその職に与えられるものであり、その受給者は単に用益権のみを持ち、自己の権利として占有することはなかった。このプフリュンデに基づいて形成された封建関係が、プフリュンデ封建制であり、レーエン封建制と概念上区別されている。

（3）レバントの十字軍諸国家　第一回十字軍（一〇九六―九九年）の後にレバントに建設された四つの国、エデッサ伯国（一〇九八―一一四四年）、アンティオキア公国（一〇九八―一二六八年）、エルサレム王国（一一〇〇―一二九一年）、トリポリ伯国（一一〇二―一二八九年）を指す。

七　高級貴族と下級貴族

（1）血讐　実力を行使して失われたジッペの名誉を回復する方法。必ずしも加害者自身に実力行使が行われるとは限らず、被害者に対応する加害者の親等関係者に対しても行われた。

（2）流血裁判権　狭い意味では、流血の事件に対して行われる裁判が流血裁判であるが、一般には流血をもたらす刑罰（肉刑）を科す裁判を意味し、流血裁判権は高級裁判権とほぼ同義で用いられ、最も重大な犯罪についての権限を持つ裁判権を意味した。

（3）膚髪刑　軽微な犯罪に対して科せられるのが膚髪刑であり、特に女や少年に対して用いられ、笞打、剃髪、烙印がなされた。

（4）騎士と騎士見習、小姓　本来は、貴族は帯刀式などの儀式的行為によって騎士になり、その儀式を行う前が騎士見習、小姓であった。しかし一三世紀以降、騎士になるための儀式的行為を完全に行うことができる貴族は一部に限られるようになり、その結果、正式な騎士にはならず騎士見習、小姓に留まる貴族が現れるようになった。

（5）　ボヤーレ　ロシアの貴族の中で最も有力な集団がボヤーレ（単数ボヤーリン）であり、大貴族一般を指した。ボヤーレは世襲領地を所有していたが、公への勤務によって経済的および社会的基盤を整える傾向にあった。モスクワがロシア統一を進めるにつれて、勤務の対象はモスクワ大公に限定されることになる。

八　都　市

（1）　ゴート人　ゲルマン民族の一部族で、三世紀頃までは黒海北岸周辺に居住していたが、フン族の侵入により西ゴートと東ゴートに分かれる。東ゴートは一時期はフン族の支配下に入ったが、テオドリックに率いられてイタリアに侵入し西ローマ帝国を滅亡させ、四九三年に東ゴート王国を建国した。一方西ゴートは、フン族の侵入後ローマ帝国領内に移動し、これがゲルマン民族の大移動の契機となった。四一八年にイベリア半島に西ゴート王国を建国した。

（2）　ランゴバルト人　ゲルマン民族の一部族で、五世紀にドナウ中流域から東ローマ帝国領内に移動し、五六八年に北イタリアにランゴバルト王国を建国した。七五四～七五五年のフランク王ピピンとの戦いに敗れ、七七四年にフランク王国に併合された。

（3）　城塞法　城塞は、防御された政治的・軍事的中心地であり、一つの法・平和領域を形成した。そのため城塞内では城主が裁判権を行使し、城塞内の違法行為を城塞法に従って裁いた。

（4）　聖堂城塞　聖堂が防御された施設に改築された形態の城塞を指す。他にも修道院城塞あるいは教会城塞と呼ばれるものがある。

（5）　ヴィクグラーフあるいはハンザグラーフ　商人は、国王の特別な保護下に置かれていたため、市場および商業を監督するための国王の役人であるヴィクグラーフあるいはハンザグラーフが、商人に対する裁判権を有した。

九　教会と世俗の対立の社会史的帰結

（1）合併された小教区　中世においては経済的な理由から小教区を修道院に移管することが行われており、これを合併と呼ぶ。

（2）高位聖職者　教会法的には、大司教・司教・修道院長などを指すが、ここにおいて重要なことは、貴族類似の世俗的権利を持つことによって、世俗の領域においても下級聖職者とは区別される上級の聖職者の集団を意味していることである。

（3）キリストの神秘体　教会がキリストを頭とする一つの体であり、教会の本質が信者とキリストとの一体性にあることを示す表現。キリスト教徒は、体の頭であるキリストと直接結ばれ、次にキリスト教徒同士も結ばれていることを意味する。

（4）施設としての教会（Anstaltskirche）　アンシュタルトとは、本人の言明とは無関係に純粋に客観的な用件に基づいて帰属させられる団体であり、典型的な例としては国家や教会があげられる。

（5）レーン貢租　レーン関係に基づいて支払われる貢租（地代）を指し、一時期のイングランドやシチリア王国が教皇に納めていた。

（6）教皇献金　八世紀の終わりにアングロサクソン人によって始められた教皇に対して毎年行われる献金であり、後に他の国にも広がった。

（7）十字軍十分の一税　十字軍のために徴収された十分の一税であるが、通常の十分の一税は、キリスト教徒が納めるべき税と位置づけられていたが、十字軍十分の一税は、聖職禄を持つ聖職者から徴収された。

（8）聖職禄取得納金　新たに聖職禄を取得した聖職者が、ローマ教皇に納めたもので、最初の一年の収入の全部あるいは半年分を納めた。

（9）叙階納付金　司教や大司教などの高位聖職者が教皇に納めるもので、司教区や修道院の一年間の収入の三分の一を納めることが規定された。

(10) フィオーレのヨアキム　一一三五—一二〇二年。歴史は三つの時代からなると理解した。第一の時代は「父の時代」で旧約の時代にあたり、第二の時代は「子の時代」でキリスト以後の時代とし、第三の時代「聖霊の時代」によって世界は完成すると理解する。この考え方は、一二一五年に異端と宣言されたが、一三世紀半ば以降、フランシスコ会の急進派に受け入れられたことで広がり、大きな影響を与えた。

(11) 抑謙修道会　一一七八年にロンバルディアに抑謙者という俗人の信心会が誕生したことが知られており、彼らは週に三回断食し、自由な平信徒説教を行っていたが、徐々に正当な教義からの逸脱が目立ちはじめ、一一八四年に教皇ルキウス三世により破門宣告された。しかし一二〇一年に教皇インノケンティウス三世により一部が教会に引き戻され、修道会に改組された。

(12) ベギン会　起源については諸説あるが、一二世紀頃に始まった俗人の女性の共同体。厳格な共同生活の規約の下で静穏な修道生活を送ることを理想とした。これに対応する男性の共同体をベガルト会と呼ぶ。

(13) 托鉢修道会　共有財産の所有が禁止されているため、労働か托鉢によって生活する修道会を指す。本来は、フランシスコ会とドミニコ会のみを指したが、一三世紀にカルメル会とアウグスチノ会も加えられた。

(14) フランシスコ会　アッシジの聖フランシスコにより一三世紀初めに誕生した清貧運動を唱える修道会。聖フランシスコは托鉢をしながら清貧と謙遜の心得を説き、一二名の仲間とともに「小さき兄弟の修道会」を名乗った。教皇インノケンティウス三世は、清貧運動を教会のコントロールの下に置くために、一二〇九年にこれを許可した。男子修道会の第一会、女子修道会の第二会、在俗会の第三会からなる。

(15) 聖霊主義　フィオーレのヨアキムの影響を受けて、一人一人の信仰者に対して直接聖霊の働きが下される理想の信仰社会の到来を願い、個々が直接に霊的導きを得ることを求める考え方。

(16) ヴァルド派　リヨンの商人であったヴァルド（Petrus Valdes）によって、一一七三年頃に始められた清貧運動で、禁欲的な生活をすることを目標とした。「リヨンの貧者」とも呼ばれる。清貧の追求、信徒による説教およびラテン語聖書の翻訳が特徴であり、カトリック教会から異端宣告を受けた。

(17) ボゴミル派　一〇世紀中頃から一四世紀末までバルカン半島で信仰された一派で、ブルガリアの司祭ボゴミルにより始められたことからこう呼ばれる。マニ教的な善悪二元論を説き、地上の物質的なもの全てが悪しきものとして否定される。この点でグノーシス主義の影響を受けていることが認められる。

(18) グノーシス派　グノーシス（ギリシア語の知識・認識）によって救済を得ると信じる思想で、一世紀に生まれ古代地中海世界に大きな影響を及ぼした。否定的な秩序が存在するこの世界を受け入れないという反宇宙的二元論が特徴である。

(19) カタリ派　ギリシア語の「清浄な」を意味するカタロスに由来すると言われているキリスト教の異端。一二～一三世紀に主に北イタリアと南フランスで広がり、南フランスでは、都市アルビに由来して、アルビジョア派とも呼ばれる。ボゴミル派の影響を受けて二元論をとる。第三ラテラノ公会議（一一七九年）で異端宣告され、アルビジョア十字軍（一二〇九～二九年）で徹底的な弾圧を受け、一三世紀中頃にはほぼ終息した。カタリ派への対抗策として、カトリック教会は異端審問制度を実施した。

(20) ボエティウス『哲学の慰め』　四八〇頃―五二四年頃。東ゴート王国で執政官などの要職に就いたが、王への反逆を企てたとして投獄され処刑された。この投獄中に書いたのが『哲学の慰め』である。また、本文中にあるように、アリストテレスの論理学をラテン語に翻訳し、中世のアリストテレス研究に大きな影響を与えた。

(21) トマス・フォン・アクィナス　一二二五頃―一二七四年。『神学大全』の著者であり、スコラ学の代表的な神学者である。キリスト教思想とアリストテレス哲学を統合した総合的な体系を築き上げた。『神学大全』の他にもアリストテレスの主要著作の註釈などきわめて多くの著作活動を行った。

(22) ラテン・アヴェロエス派　スペインのコルドバに生まれたアラビアの哲学者イブン・ルシュド（ラテン名アヴェロエス、一一二六―九八年）のアリストテレスの註釈の著作がラテン語に翻訳され、ラテン・アヴェロエス派が生まれた。信仰と理性の矛盾・対立を避けるために、信仰の真理と理性の真理の二重真理説をとる。中心的な人物としては、ブラバンティアのシゲルスを挙げることができる。

(23) パドアのマルシリウス　一二七五頃―一三四二頃。パドアに生まれ同地の大学で医学を学んだ後にパリ大学で哲学と神学を学び、パリ大学の学長を務めた。ヨーロッパの政治体制を考察した『平和の擁護者』を一三二四年に完成させた。社会が達成すべき目標は平和であり、その平和の擁護者は神聖ローマ皇帝であるとして、神聖ローマ皇帝ルートヴィヒ四世とローマ教皇ヨハネス二二世の争いにおいては、皇帝を支持した。

(24) 七学芸科　文法、修辞学、論理（弁証法）、算術、幾何、音楽、天文学の七つの科目を指す。自由学芸とも呼ばれる。

一〇　騎士的＝宮廷的文化

(1) 神の平和　一〇世紀末に南フランスで行われた教会主導の平和運動を指す。貴族によって行われていたフェーデに歯止めをかけ、聖職者、巡礼者、商人、女性、子供などを暴力から保護することを企てた。一〇世紀末～一二世紀までみられる運動であり、この後は世俗の権力者による平和運動（ラント平和・国王の平和）に引き継がれた。

(2) 刀礼・騎士叙任式　騎士になる儀式としては、鎧を身に付けて主君の前に跪いて首を垂れ、主君が剣の側面で首、両肩、首と都合三回軽く打つ刀礼が行われた。一二世紀頃よりこの刀礼の儀式にキリスト教的な儀式が組み込まれ、より複雑な儀式となり、これを騎士叙任式と呼ぶ。

(3) ミンネディーンスト　騎士によって、神と主君への奉仕とともに重要であったのが、貴婦人に対する奉仕であり、これがミンネディーンストと呼ばれる。騎士は一人の貴婦人に奉仕し、その名誉を守るために馬上試合で戦った。

(4) ロマネスク　一〇世紀末～一二世紀の美術様式としてのロマネスクもあるが、ここでは文芸用語としてのロマネスク、奔放な想像力によって現実を超える幻想的なものを指すものとして使われている。

一一　官職国家と身分制国家

(1)　ラント共同体・ラント・ラント法　ドイツ国制史においては、ラントとは通例、領邦国家あるいは領邦国家の支配領域を指すものと理解されている。このラント概念については、O・ブルンナーが、古くからの地域の慣習法であるラント法に従って定住し、所領を持ち、支配を行う人々の法共同体がラントであるとする考え方を示し、大きな影響を与えた。このようなブルンナーのラント理解は、本書でも部分的に示されている。

(2)　親王領　王位継承者以外の王子に授与され、その子孫によって継承される封土を親王領と呼ぶ。一三世紀のフィリップ二世以来のカペー家において長男の王位継承権が確立したことにより、次男以下に王領の一部を親王領として与えた。

(3)　ブルゴーニュ公国　ここでは一三六三～一四七七年に存在したブルゴーニュ公国を指す。フランス王ジャン二世の四男のフィリップ二世が、ブルゴーニュ公領を与えられたことから、ヴァロア・ブルゴーニュ公国が始まる。フィリップ二世はフランドル伯の娘と結婚しフランドル伯領も継承した。その後のフランス王シャルル六世の弟オルレアン公ルイとの争いは、ブルゴーニュ派とアルマニャック派の争いとなり、フランス政治に大きな影響を与えるとともに、百年戦争においてブルゴーニュ公国がイングランドと結ぶきっかけにもなった。最後のシャルル（突進公）の一人娘がハプスブルク家のマクシミリアン一世と結婚したことにより、ブルゴーニュ公領はフランスに編入され、ネーデルラントは以後ハプスブルク家の所領となる。

(4)　門閥独裁制　一三～一五世紀に北部および中部イタリアにおいてみられた独裁政治の形態であり、ミラノのヴィスコンティ家、フィレンツェのメディチ家のように、その地域の門閥による独裁的支配体制を示す。

(5)　一二二二年（ハンガリー）　アンドラーシュ二世（位一二〇五―三五年）は、ロシア方面への長年の軍事遠征により疲弊した財政を再建するために、貴族に税を課すことを企てたが、貴族の反対にあい、一二二二年に貴族の免税特権や武力抵抗権などを認めた金印勅書の発布を強いられた。

(6) ムッラーとラビ　ムッラーはイスラム教の法や教義に深く通じた人に対する尊称であり、ラビはユダヤ教の聖典でもあるタルムードの編纂や執筆に貢献した律法学者であり、ユダヤ教における宗教的指導者を指す。

(7) 両法　ローマ法と教会法を総称した言い方。

(8) 普通法　ドイツにおいてローマ法継受が本格的に行われるのは、一五世紀半ば以降のことであり、継受されたローマ法は普通法として、ドイツ全体に共通の法として通用することになった。

(9) 慣習法　中世のフランスでは、王国全体に適用される共通法が存在しておらず、地域ごとに慣習法が存在していた。これらの慣習法が公式に編纂されるのは一五世紀末以降のことである。

(10) 一七八九年のフランス　三部会は一六一四年に摂政マリー・ド・メディシスによって召集された以降は開催されず、一七八九年五月に一七五年ぶりに開催された。この一七八九年の三部会は課税問題を審議する予定だったが、第三身分の代表の定員問題や議決方法をめぐって紛糾し、国民議会の宣言、球戯場の誓いなど一連のフランス革命へとつながった。

一二　民族と国家

(1) ダンテ　一二六五―一三二一年。死の直前に完成した『神曲』は、トスカーナ方言でかかれ、イタリア語の基礎となった作品であり、イタリア文学の基になるものと評価される。

一三　「中世」から「近代」へ

(1) プレヴォ裁判管区・バイイ裁判管区　フランスの国王通常裁判所は、概略的に下から、プレヴォ裁判所、バイイあるいはセネシャル裁判所、高等法院となる。プレヴォ裁判所は、貴族に関わる案件および国王専決事件を除いた民事・刑事訴訟の第一審である。

（2）トクヴィル　一八〇五―五九年。フランスの政治思想家。トクヴィルは『アンシャン・レジームと大革命』（一八五六年）において、なぜフランスの封建的諸権利がプロイセンやオーストリアよりも大きな憎しみを買ったのかを論じ、その中でフランスの領主は特権だけを持つ存在であり、国王と農民の間を仲介する地位を持たなかったことを指摘している。この意味において封建制は「政治的な制度」から「社会的な制度」へと転化していたと言える。

（3）ハンガリーの例　一五一四年に起きたドージャ・ジェルジによる農民戦争を指していると思われる。この農民戦争後、貴族の農民支配が一層強化され、農民の移動は禁止されるとともに、賦役が義務化された。

（4）中世の世界経済（レーリヒ）　一九三二年に公刊されたフリッツ・レーリヒの『中世の世界経済』においてレーリヒは、中世における商品流通の実態を検証し、都市とその周辺農村の間の小規模な商品流通だけでなく、国際的な商品流通が存在していたことを示した。

（5）互市および開業強制権　ある都市を通過する商人に対して、商品をその都市において特定の期間販売することを強制する権利。一部では免除金を支払うことで、義務から解放された。

（6）ラーフェンスブルク会社　南ドイツのボーデン湖畔の帝国都市ラーフェンスブルクに本拠を持った大商事会社。一三八〇年頃から一五〇〇年ほど活動した。この当時この地域で盛んだった麻織物を独占的に販売し、イタリアから香料などの奢侈品を輸入した。

（7）ディースバッハ＝ワット会社　ラーフェンスブルク会社と同様に南ドイツの麻織物の販売を国際的に展開した会社で、会社名は Niklaus von Diesbach と Peter und Hug von Watt の二人の創業者の名前である。一四三六年頃にベルンで始まり、その後四〇年代末にザンクトガレンに移動した。六〇年代に業績が悪化し解散している。

（8）ジャック・クール　一三九五―一四五六年。有名なフランスの商人であり、イタリアを介さずに直接東方貿易を行い、巨万の富を得た。また彼は国庫から鉱山を賃借し、貨幣鋳造業においても活躍し、フランス王の宮廷にさまざま奢侈品をもたらすとともに、国王や貴族に高利貸付を行った。また国王の大蔵大臣も務めており、貨幣と租税管理が委託されていた。

(9) 一四八四年バイイ裁判管区　一四八四年にトゥールで開催された全国三部会における決定。

(10) ボダン　一五三〇―九六年。フランスの政治学者。一五七六年に公刊された『国家論』で、君主の主権を最高絶対なものと理解する近代的主権概念を確立した。

(11) 永久ラントフリーデ　一四九五年のヴォルムス帝国議会で決定された。フェーデを禁止し、裁判による紛争解決を規定した。しかし、帝国等族によって運営される帝国最高法院が、帝国の最高裁判所となることが規定されたため、フェーデの禁止が皇帝の裁判権の強化とは必ずしも結びつかなかった。

(12) 同盟権　一六四八年のヴェストファーレン条約（ウェストファリア条約）で規定されている権利を指す。同条約のオスナブリュック条約第八条二項で、帝国等族は自身の安全のために、彼らの間でおよび外国との間で同盟を結ぶ権利が認められた。

(13) 対トルコ防衛　一四五三年にオスマントルコによってコンスタンティノープルが陥落しビザンツ帝国が滅亡した後、ヨーロッパは異教徒であるオスマントルコの攻撃に晒されることになった。オスマントルコとの戦いのために起こされた戦いが、対トルコ防衛であり、教皇は免罪符を発行するなどして戦費の調達を企てた。

(14) 協約　代表的なものとしては、神聖ローマ皇帝フリードリヒ三世と教皇ニコラウス五世との間で結ばれた一四四八年のウィーン協約をあげることができる。

訳者あとがき

本書は、一九五八年に公刊されたHistoria Mundi : Ein Handbuch der Weltgeschichte in zehn Bänden, Bd.6, Hohes und spätes Mittelalter の三一九頁から三八五頁に収められたオットー・ブルンナー「西欧の内部構造」(Inneres Gefüge des Abendlandes) の翻訳であり、同論文は章と節などの構成を含め内容を基本的に改編することなく、一九七八年にVandenhoeck&Ruprecht よりSozialgeschichte Europas im Mittelalter (Kleine Vandenhoeck-Reihe 1442) として公刊された。その際、巻末にヴェルナー・レーゼナーによる文献目録が新たに付けられた。訳に当たっては、Historia Mundi に収められているものを利用したが、適宜、一九七八年の初版および一九八四年の第二版を参照した。このブルンナーの論文が収められているHistoria Mundi 第六巻は、四章からなっており、第一章「西欧」の七本の論文の最後がブルンナーのこれである。第二章「ビザンツ世界」には二論文、第三章「イスラム世界」には三論文、第四章「終末と移行」には二論文が収められ、その内の一つが、ブルンナーのもう一本の論文「人文主義とルネサンス」である。

なお邦題『中世ヨーロッパ社会の内部構造』は、右記の二つの表題および本書の内容を勘案して訳者が付けたものである。

本書の著者であるオットー・ブルンナーについては、石井紫郎・石川武・小倉欣一・成瀬治・平城照介・村上淳一・山田欣吾氏によって翻訳された『ヨーロッパ――その歴史と精神』（岩波書店、一九七四年）の成瀬治氏による「訳者あとがき」において、詳細な紹介と解説が加えられている。ここでは本書の内容と関係する範囲で解説を加えることにしたいと思う。

オットー・ブルンナーは、一八九八年にオーストリアに生まれ、ウィーン大学で歴史学と地理学を修め、その後ウィーン大学で教鞭をとる一方で、「オーストリア歴史研究所」に籍を置いた。このウィーンでの研究および教育は、第二次大戦によって断たれることになった。終戦後十年を経た一九五四年、ブルンナーはハンブルク大学の中世・近代史の教授となり、六〇年からは同大学の総長をつとめた。六七年の定年退官後も、W・コンツェとR・コゼレックと共に、八巻からなる『歴史学術語事典』（Geschichtliche Grundbegriffe. Historische Lexikon zur politisch-sozialen Sprache in Deutschland）の監修に携わるなど精力的に研究を続けたが、一九八二年に死去している。なお、四二〇〇点余りのブルンナーの蔵書は、現在は中央大学図書館に所蔵されている。

ブルンナーの名前を一躍有名にしたのは、一九三九年に公刊されその後版を重ねた『ラントとヘルシャフト』である。実証的な地域史研究に基づいたラント論は大きな反響を呼び、その後の中世史研究に大きな影響を与えた。このブルンナーのラント論については、わが国でも数多くの研究があるが、近年の代表的な研究としては西川洋一氏の詳細な研究をあげることができる。西川洋一「オットー・ブルンナーの『ラント』論をめぐるいくつかの問題」(『国家学会雑誌』一二三巻・一一・一二号、二〇一〇年)。本書においても、ブルンナー特有のラント理解を、一一章の一部で見ることができる。

本書が含まれたHistoria Mundiは一九五八年公刊であり、右記のブルンナーの訳書『ヨーロッパ――その歴史と精神』の原書であるNeue Wege der Verfassungs-und Sozialgeschichteの公刊が一九六八年(同書は一九五六年に公刊されたNeue Wege der Sozialgeschichteに新たに論文八編を追加および若干の改訂を施した)である。本書と『ヨーロッパ――その歴史と精神』はほぼ同時期に公刊された著書であり、内容としても重なる部分も多く、またほぼ同じ文章を散見することもある。この二つの書物に共通してみられるブルンナーの特色は、ヨーロッパの「内部構造の叙述」を目指している点であり、ヨーロッパのあるいはキリスト教的西欧の歴史的特殊性を中世に遡って明らかにすることに重点が置かれていることである。この「内部構造の叙述」は、まさにブルンナーのいう「社会史」に他ならず、これもまたW・コンツェが提唱した「構造史」とほぼ合致するものと理解することができる。本書もHistoria Mundiにおける原題では「内部構造」という表現を用いているが、一九七八年に単著として公刊する際には「社会史」と改められている。ブルンナーのいう「社会史」にあっては、内部組織、社会構造および精神的態度を総体的に把握することが重要であり、これらを総称する表現としてしばしばVerfassungという言葉が用いられる。このVerfassungは「国制」と訳されることが多く、その意味では「社会史」はまた「国制史」（Verfassungsgeschichte）とも表現できるが、しかしブルンナーの謂わんとするところをくみ取るならば、Verfassungはむしろ「基本構造」という訳語の方が相応しく、その意味ではVerfassungsgeschichteは「構造史」と言うこともできる。

第二次世界大戦後、ブルンナーの研究は、ヨーロッパの歴史的特殊性の分析に向かい、近代世界の成立の歴史的展開を、ギリシア・ローマ文化から続くヨーロッパ的精神とこの精神に基礎づけられた社会構造の連続性の解明とともに、一二世紀に生まれた特殊「西欧」文化圏とでも呼ぶべき世界の内部構造を分析することによって解明しようと試みたということができる。近代世界を準備したのは、このヨーロッパ的特殊性であり、世界の中で唯一ヨーロッパで近代世界が開花した理由をそこに求めるのだった。ヨーロッパ的特殊性の内部構造を叙述することによって、近代世界の成立の歴史的過程を描くことが、本書のブルンナーの意図と言えるであろう。

本書の大きな特徴は、叙述が基本的に時系列になされていることである。この点はHistoria Mundiに掲載されたことが反映されていると思われるが、同時期の別著『ヨーロッパ——その歴史と精神』との大きな相違点でもある。本書では、ブルンナーが示すヨーロッパ中世社会の内部構造を時間の流れを意識しながら読み解くことができると言うことができる。それでは、この読み解くための一つの道標として、ブルンナーが本書の中でヨーロッパ的特殊性の核心と理解しているものを探すならば、それはおそらく本書第九章で述べられている「教会と世俗の対立」ではないかと思われる。

教会と世俗の対立というと、一般には一一世紀後半から一二世紀始めの叙任権闘争として知られている出来事を想起させるが、ブルンナーはこれを一一世紀後半から一四世紀まで続いた戦いと捉え、この対立の結果、「聖界権力と世俗権力の混合と融合に代わって、併存そして一時的にはさらに対立という状況が生まれた」と説明する。聖界権力と世俗権力は相互に承認したが、それは両者が分離して生きることを意味するのではなく、両者は境界領域では重なり合うとともに、しばしば相手の領分を侵そうと試み、ここから新たな争いとまた妥協が生まれたのである。この状態は一見すると、一一世紀後半までと変わらないように見えるかもしれない。しかし本質的に全く異なっている。混合や融合ではなく、分離した上での併存および対立なのである。この状態の上に、さまざまな西欧的特殊性が展開することになる。本書ではその事象として、一〇章で騎士的＝宮廷的文化、一一〜一二章で「国家」が扱われることになる。この問題に触れる前に、この九章で触れられている教会と世俗の対立の社会的帰結として、まず以下の二点に触れておきたいと思う。

まず第一は、教皇庁の組織化・中央集権化の進展である。教皇はその教権統治的な秩序を確立し、教皇庁は特にその財政制度の整備に成功したことによって、西欧の指導的な財政強国となり、西欧全体の貨幣流通網の中心となった。教皇庁はまさにこの点において「近代」への扉を開けることになったが、しかしこのことは同時に清貧運動に典型的に見られるような抵抗を呼び起こすことになり、やがては宗教改革にいたることになるのである。第二は、スコラ学の成立である。教会と世俗の対立の中で、伝統的な神学的・哲学的思想を体系化する必要が生じ、スコラ学的方法が形成された。これは一三世紀のトマス・フォン・アクィナスによって大成されたことはよく知られているが、本書において重要なことは、ここに学問の世俗化の決定的な端緒があるという点である。神学とは切り離された自立した思考が可能となり、ここにおいて古代ギリシアから受け継いだ「美徳」が中心的な役割を果たすことになる。この点において古代ギリシアから続く連続性が示されるのである。このような学問および精神世界を支えたのが、一二世紀以降に成立した大学である。大学は、スコラ学的教養を持つ聖職者を多く輩出したが、それとともに一四世紀以降にあっては、俗人（多くの場合都市民出身）で専門知識を修得した者、特に法律家を輩出し、世俗世界の支配体制の中で重要な役割を演じることになる。

こうした土壌の上に花開いたのが、騎士的＝宮廷的文化である。この騎士的＝宮廷的文化は、ゲルマンに由来する名誉の観念、古典古代およびキリスト教に由来するエートスやイスラーム世界からの刺激が融合したものであり、必ずしも一一世紀後半以降の聖俗の対立に拠るものではない。しかし聖俗の対立の結果、俗人のキリスト教的な精神文化が固有の生命力を獲得し、それが騎士的＝宮廷的文化として、一二・一三世紀において覚醒したことをブルンナーは重要な社会史的事実と捉えている。ここで育まれたエートスと教養世界は、貴族はもとよりそれ以外の人々の精神生活の基礎となったが、このことは近代の世俗化のプロセスの発端でもあった。

この精神文化を背景にして、中世中期以降、「国家」が教会とは区別された世俗的な組織として姿を現した。ここにおいては、君主の中心的な機能である平和と法の保護が重要であり、ブルンナーは、保護を狭義の保護と広義の保護に分け、君主権力の強化を狭義の保護の拡大の過程として理解する。狭義の保護を拡大するためにはより強い兵力が必要であり、そのためには相応の資金・経済力を必要とした。この点において一二世紀以降現れたのが、組織化された官僚行政装置と身分制議会である。官僚行政装置においては、ローマ法によって学問的に十分に鍛えられた法律家が活動したことが重要であり、法の分野においても教会と世俗の分野が分離していることがその前提であった。一方身分制議会は、「助言と援助」を与えるために召集されたが、召集されたのは地方権力者、いわゆる等族であり、ここにおいて支配の重層性を見ることができる。彼らこそが政治的意味における王国の「国民」であり、彼らは君主に援助を提供する対価として、自分たちの伝統的な権利の確認あるいは拡大を図ることができた。ここに独特な身分制国家の姿が現れているが、しかし同じ法が、君主と等族に適用されているという伝統的な法観念は生き続けていた。このような伝統的な法観念の下にあっても、中世中期以降、君主はその支配権の強化を図る必要に迫られ、狭義の保護の拡大に成功した君主は、何が合法であるのかを最終的に決定する要求を掲げることができた。このような支配権の強化を支えたのが、先に述べた法律家であり、またローマ法であった。こうして世俗の支配領域は徐々に外に対して閉鎖化する傾向をみせるが、このことはローマ教皇を頂点とする教会との最終的な調整を必要とすることになった。一六世紀以降の公会議には、もはや世俗の諸勢力は出席しておらず、ここにおいて教会と世俗の分離がはっきりと示されたのである。ヨーロッパの国家世界は、キリスト教的国際法共同体という姿で現れたのである。

それではこの教会と世俗の対立、教会と世俗の分離は、なぜヨーロッパでしかも一一世紀後半以降顕在化したのだろうか。ブルンナーは、本書の主に第八章までの部分でこの点に触れていると思われるが、次の四点に整理することができるであろう。

第一は、教会の単一性と国家の多数性が、中世の西欧の大前提ともいえる特徴であった点である。ローマ帝国の滅亡以降、西欧のキリスト教世界は、ローマ教会という一つの組織に包含される一方で、政治的には多数の国家から構成されていた。その上、教皇がいるローマは、地理的に西欧キリスト教世界の周辺に位置しており、西欧の中心はライン・ロワール両河間の地域であった。地政学的観点からも教会と世俗が一体化する余地はなく、両者は何らかの関係を築き上げていく必然性の下に最初から置かれていたのである。第二は、ゲルマン的法観念と支配体制である。ゲルマン的な影響の下で、法は宗教的に基礎づけられた確信の中にあり、君主とその人民の上にある掟であった。それ故、法は発見されるものであった。さらにこうした法観念の中で、自力救済、フェーデが正当な方法として認められていたために、社会全体の構造は、保護と援助の関係によって規定された支配権力的なものとなり、しかもこの関係の中では誠実という独特な観念が生き続けいていた。この社会構造の中に司教や修道院長もその支配権と世俗の所領によって組み入れられていた。一〇～一一世紀、フェーデが猖獗を極めていた時に教会によって編み出された神の平和は、世俗の手によるラント平和運動を生み出し、ここに世俗の支配権力強化の決定的な転機を迎えたのだった。第三は、西欧的な農民類型である。西欧の農民は、領主の保護と平和の中で、経済的および法的にはかなり自立した存在であった。ここにおいて農民の労働エートスが根を下ろし、自意識を持ち活動的な農民を生み出していた。一六世紀から一三世紀に行われた大規模な入植は、このような西欧的な農民によって達成されたものであり、一二世紀以降のヨーロッパの経済的発展の基盤を形成したのである。これと関連して最後の第四は、都市の存在である。商人と手工業者によって規定された中世都市は、自治都市として支配の社会構造の中で独特の存在であったが、都市の拡大および遠隔地商業と近隣市場関係の濃密化によって、ヨーロッパの経済力は大いに発達し、貨幣経済は農民の家計にいたるまで浸透した。このことは領主と農民の関係のみならず、政治的諸関係全般に大きな影響を及ぼしたのである。

もとより、ここで素描を試みたブルンナーの論点はこれだけではない。驚くべき知見の広さに裏付けられて、論点は多岐に及び、その上、これらの多くの論点が多層的に考察されている。ブルンナー自身が用いている表現を借用するならば、「これらの要素は大変に複雑に集まり、そして互いに影響を及ぼすことによって、これらの要素は変化し、織物がさまざまな色の糸に分けることができないのと同じように、もはやその個々の要素に分解することができないような新しいものが生まれるのである」。研究分野が細分化し、しかもその細かい分野の中で大量のさまざまな種類の資料と格闘することを余儀なくされている昨今の研究状況の中で、ブルンナーが示す中世ヨーロッパ社会の内部構造は、決して時代遅れの産物などではなく、今なお参照すべき重要な研究上の枠組みを提示していると思われる。すでに半世紀以上経ったブルンナーの著書の翻訳を試みた理由もそこにある。

最後に、この翻訳に関して一言するならば、本書は——Sozialgeschichte Europas im Mittelalter を読まれた方はご存知のように——二種類の大きさの文字からなる段落で構成されている。やや小さめの文字の段落は、その前の段落の内容を補足する位置づけを与えられているように思われるが、しかし必ずしもそれに留まる内容ではない。翻訳にあたり、原書に忠実に二種類の大きさの文字を用いることも検討したが、それぞれの段落の内容を考慮し、敢えて同じ大きさで統一した。また、この二種類の大きさの文字は、Historia Mundi に共通で用いられた書式であり、必ずしもブルンナー独自のものではないということを付け加えておきたい。本書の翻訳にあたっては、ブルンナーの別著である『ヨーロッパ――その歴史と精神』を適宜参照した。本書の中には、すでに述べたように、『ヨーロッパ――その歴史と精神』とほぼ同じ文章や内容が散見され、この原書である Neue Wege der Verfassungs-und Sozialgeschichte も読みながら、本書の翻訳にあたった。しかし密度が高くまた複雑に入り組んだ表現を日本語に移す作業は容易ではなく、結局読みにくい訳文になってしまったことを反省している。その上さらに、豊かな内容を十分に理解できず、誤訳が多くあるのではないかと恐れている。

以下私事を少々。本書が収録された Sozialgeschichte Europas im Mittelalter は、東北大学在籍中に一度通読する機会を得た。最初は、渡部治雄先生の教養部の演習で部分的に読み、学部大学院では佐藤伊久男先生の演習で通読した。その後北海道大学赴任後に、西洋史学演習のテキストにして、数年間かけて通読した。佐藤伊久男先生からは、西洋史、特に中近世史を学ぶ上で、ブルンナーを理解することがいかに重要であるかを繰り返し学ばせて頂いた。北海道大学で演習のテキストにした際には、しっかり読むようにと書かれたメモとともに、佐藤先生から綺麗なマスターコピーをお送り頂いたことを今も記憶している。今回の翻訳では、この都合二回の通読の際の訳文を参照しながら翻訳作業を進めた。演習の場で解釈について議論になった多くの部分を懐かしく思い出しながらの訳出作業は、自分にはある意味でとても充実した時間でもあった。もちろん、訳文についての責任は、私自身にあることは言うまでもない。

出版が厳しいこの時代に、このような訳書を公刊することができたのは、何よりも知泉書館の小山光夫社長のご協力のお陰である。小山光夫氏に心より御礼申し上げたい。

二〇一三年三月一一日

山本　文彦

山本 文彦（やまもと・ふみひこ）
1961年生まれ。ドイツ中近世史。現在，北海道大学大学院文学研究科教授。
〔主要業績〕『近世ドイツ国制史研究――皇帝・帝国クライス・諸侯』（北海道大学図書刊行会，1995年）。ピーター H. ウィルスン『神聖ローマ帝国 1495―1806』（岩波書店，2005年）。

〔中世ヨーロッパ社会の内部構造〕 ISBN978-4-86285-156-7

2013年6月10日 第1刷印刷
2013年6月15日 第1刷発行

訳 者 山 本 文 彦
発行者 小 山 光 夫
製 版 ジ ャ ッ ト

発行所 〒113-0033 東京都文京区本郷1-13-2
電話03(3814)6161 振替00120-6-117170
http://www.chisen.co.jp
株式会社 知 泉 書 館

Printed in Japan 印刷・製本／藤原印刷

索　引

ア　行

カ　行

ナ　行

ハ　行

マ　行

ヤ　行

ラ　行

ワ　行